MIX
Papier aus verantwortungsvollen Quellen
Paper from responsible sources
FSC® C105338

Florian Turna

Die Darstellung des Koreakrieges anhand ausgewählter Artikel aus den Jahren 1950 bis 1953 im Nachrichtenmagazin TIME

Bachelor + Master
Publishing

Turna, Florian: Die Darstellung des Koreakrieges anhand ausgewählter Artikel aus den Jahren 1950 bis 1953 im Nachrichtenmagazin TIME, Hamburg, Bachelor + Master Publishing 2013
Originaltitel der Abschlussarbeit: Die Darstellung des Koreakrieges anhand ausgewählter Artikel aus den Jahren 1950 bis 1953 im Nachrichtenmagazin TIME

Buch-ISBN: 978-3-95549-370-7
PDF-eBook-ISBN: 978-3-95549-870-2
Druck/Herstellung: Bachelor + Master Publishing, Hamburg, 2013
Covermotiv: © Kobes · Fotolia.com
Zugl. Johannes Gutenberg Universität Mainz, Mainz, Deutschland, Diplomarbeit, Februar 2011

Bibliografische Information der Deutschen Nationalbibliothek:
Die Deutsche Nationalbibliothek verzeichnet diese Publikation in der Deutschen Nationalbibliografie; detaillierte bibliografische Daten sind im Internet über http://dnb.d-nb.de abrufbar.

Das Werk einschließlich aller seiner Teile ist urheberrechtlich geschützt. Jede Verwertung außerhalb der Grenzen des Urheberrechtsgesetzes ist ohne Zustimmung des Verlages unzulässig und strafbar. Dies gilt insbesondere für Vervielfältigungen, Übersetzungen, Mikroverfilmungen und die Einspeicherung und Bearbeitung in elektronischen Systemen.

Die Wiedergabe von Gebrauchsnamen, Handelsnamen, Warenbezeichnungen usw. in diesem Werk berechtigt auch ohne besondere Kennzeichnung nicht zu der Annahme, dass solche Namen im Sinne der Warenzeichen- und Markenschutz-Gesetzgebung als frei zu betrachten wären und daher von jedermann benutzt werden dürften.

Die Informationen in diesem Werk wurden mit Sorgfalt erarbeitet. Dennoch können Fehler nicht vollständig ausgeschlossen werden und die Diplomica Verlag GmbH, die Autoren oder Übersetzer übernehmen keine juristische Verantwortung oder irgendeine Haftung für evtl. verbliebene fehlerhafte Angaben und deren Folgen.

Alle Rechte vorbehalten

© Bachelor + Master Publishing, Imprint der Diplomica Verlag GmbH
Hermannstal 119k, 22119 Hamburg
http://www.diplomica-verlag.de, Hamburg 2013
Printed in Germany

Inhaltsverzeichnis

1 Einleitung 3

2 Historischer Hintergrund 5

2.1 *Kairoer Erklärung* und *US-Soviet Joint Commission* 5

2.2 Die Entwicklung auf der koreanischen Halbinsel 6

2.2.1 Die Entwicklung im nördlichen Teil Koreas 6

2.2.2 Die Entwicklung im südlichen Teil des Landes 7

2.3 Politik der Eindämmung, *Truman-Doktrin* und NSC-68 7

2.3.1 *Red Scare* 10

3 Chronologischer Überblick Korea-Krieg 11

4 Das Nachrichtenmagazin *TIME* 13

5 Die Darstellung des Kommunismus in *TIME* 16

5.1 Die Darstellung des Kommunismus als Staats- und Gesellschaftsordnung 16

5.2 Die Darstellung Joseph Stalins, Mao Zedongs und Kim Il-sungs 17

5.3 Die Darstellung kommunistischer Soldaten 24

6 Die Darstellung der USA und ihrer Verbündeten in *TIME* 27

6.1 Die Darstellung der USA 27

6.2 Die Darstellung MacArthurs 29

6.3 Die Darstellung US-amerikanischer und verbündeter Soldaten 30

7 Die Darstellung des Kriegsverlaufes 32

8 Schlussbetrachtung 66

Literaturverzeichnis 69

1 Einleitung

„Communism is the most monstrous cancer which ever attacked humanity, and we shall do our best, however feeble, to combat it at all times and all places."

(Henry R. Luce zit. nach Brinkley 410)

Der Mann, der die vorstehenden Worte äußerte, war einer der beiden Gründer des Nachrichtenmagazins *TIME*. Das ab 1923 wöchentlich erscheinende Nachrichtenmagazin, dessen Auflage rasch wuchs, etablierte auf dem US-amerikanischen Markt der Printmedien einen neuen journalistischen Ansatz. Obwohl die unkonventionelle Schreibweise der Autoren auch Spott provozierte, bildete sich eine treue Leserschaft.

Im Juni 1950 brach auf der koreanischen Halbinsel ein bewaffneter Konflikt aus, nachdem nordkoreanische Truppen den 38. Breitengrad überschritten hatten. Dieser war im August 1945 als Grenze zwischen der sowjetischen und der US-amerikanischen Besatzungszone festgelegt worden. Bis 1948 hatten sich in beiden Besatzungszonen zwei eigenständige Staaten gebildet; im Norden die Demokratische Volksrepublik Korea unter dem kommunistisch geprägten Machthaber Kim Il-sung[1] und im Süden die Republik Korea unter dem kapitalistisch orientierten Staatschef Rhee Syng-man. Diese Teilung sollte eine Spaltung der koreanischen Halbinsel zementieren, die bis zum heutigen Tage besteht.

Ab etwa 1947 konnte in den USA eine stark zunehmende Angst vor einer kommunistischen Unterwanderung und einer weltweiten Ausbreitung des Kommunismus beobachtet werden. Diese Angst beeinflusste sowohl die Darstellung kommunistischer Länder in den Erzeugnissen der Presse als auch die Wahrnehmung der Leser[2] in starkem Maße. In den Artikeln des Nachrichtenmagazins *TIME* aus den Jahren 1950 bis 1953 tritt dies deutlich zu Tage.

---

[1] In der vorliegenden Arbeit erscheinen unterschiedliche Schreibweisen koreanischer und chinesischer Namen von Personen und Orten (etwa Mao Tse-tung und Mao Zedong). Der Grund dafür ist eine Umstellung des chinesischen Systems in den 1960er Jahren und des koreanischen Systems im Jahr 2000.

[2] Aus Gründen der besseren Lesbarkeit wird in der vorliegenden Arbeit auf eine geschlechtsspezifische Differenzierung verzichtet. Entsprechende Begriffe gelten gleichermaßen für beide Geschlechter.

Anhand dieser Artikel soll untersucht werden, wie die Darstellung des Koreakrieges in *TIME* aufgebaut war. Die Analyse soll sich dabei auf die Kriegsjahre 1950 bis 1953 beschränken. Da über die Auswirkungen der Berichterstattung in dieser Zeit nur Vermutungen angestellt werden können, bezieht sich die Analyse auf die sprachlichen Mittel, Argumentationsstränge und von *TIME* dargebotenen Erklärungen zu bestimmten politischen und gesellschaftlichen Zusammenhängen.

Den ersten Teil dieser Arbeit bildet ein Überblick über den historischen Hintergrund jener Jahre und einer Übersicht über die Entwicklung im Norden und Süden der koreanischen Halbinsel bis zur Gründung der beiden selbstständigen Staaten. Ein Exkurs soll einen Einblick in die Kommunistenfurcht in den USA geben. Die Erwähnung dieser Furcht ist unabdingbar, bildet sie doch einen Teil des gesellschaftlichen Hintergrundes, vor dem die Berichterstattung jener Zeit stattfand. Schließlich folgt ein chronologischer Überblick über die Ereignisse während des Krieges.

Im zweiten Teil der Arbeit soll das Nachrichtenmagazin *TIME* vorgestellt werden. Das Augenmerk soll dabei auf den Besonderheiten des journalistischen Stils von *TIME* liegen. Es folgt eine Analyse der Darstellung der Staats- und Gesellschaftordnung des Kommunismus sowie eine Analyse der Darstellung kommunistischer, US-amerikanischer und verbündeter Staatsoberhäupter und Soldaten in ausgewählten Artikeln aus den Jahren 1950 bis 1953.

Die anschließende Darstellung des Kriegsverlaufes folgt dem chronologischen Prinzip. Hierbei soll besonders auf wichtige Wendepunkte des Krieges, wie das Eingreifen der Chinesen oder das Überschreiten des 38. Breitengrades der UN-Truppen, eingegangen werden.

Aufgrund der Analyse soll schließlich die Frage beantwortet werden, welches Bild des Krieges und der gegnerischen Kriegsparteien in *TIME* gezeichnet wurde und welche Überzeugungen dieser Darstellung zugrunde lagen.

2 Historischer Hintergrund

2.1 *Kairoer Erklärung* und *US-Soviet Joint Commission*

In der *Kairoer Erklärung* war bereits am 27. November 1943 über die Zukunft Koreas entschieden worden. „The aforesaid three great powers, mindful of the enslavement of the people of Korea, are determined that in due course Korea shall become free and independent" (Cairo Communiqué). Die vage Formulierung „in due course" war von verschiedenen Seiten sehr unterschiedlich interpretiert worden. Viele Koreaner sahen in der *Kairoer Erklärung* den Willen der Alliierten formuliert, unmittelbar nach dem Ende der japanischen Kolonialherrschaft einen freien und unabhängigen koreanischen Staat errichten zu wollen (Kim Chun-gil 143). Es gab jedoch auch Stimmen, die einer unmittelbar folgenden Staatsgründung kritisch gegenüberstanden: „Those leaders who participated in the Cairo, Tehran, Yalta, and Potsdam Conferences . . . felt that Korea would not yet be ready for self-rule" (Eberstadt und Ellings 53). Mit der Kapitulation des japanischen Kaiserreiches am 15. August 1945 endete dessen 35-jährige Kolonialherrschaft über die koreanische Halbinsel. Bereits wenige Tage später begannen sowjetische Truppen mit der Besetzung des nördlichen Teiles Koreas. Die Grenzziehung zwischen den beiden Besatzungszonen war am 14. August 1945 durch zwei US-amerikanische Militärberater erfolgt, die die Demarkationslinie entlang des 38. Breitengrades festgelegt hatten (Lee 2006: 40). Vom 16. Dezember bis zum 26. Dezember 1945 fand in Moskau ein Treffen der Außenminister der USA, der Sowjetunion und Großbritanniens statt. James Francis Byrnes, Wjatscheslaw M. Molotow und Ernest Bevin erörterten dort, neben weiteren Themen, die Zukunft Koreas. Am 27. Dezember 1945 gaben sie im *Sowjet-Anglo-American-Communiqué* bekannt, Korea unter eine Viermächteverwaltung stellen zu wollen (Hosch 23). Zu diesem Zweck wurde eine *US-Soviet Joint Commission* geschaffen, die im Januar 1946 in Seoul zu Beratungen zusammenkam (Margulies und Peterson 185). Zu einer Einigung kam es dabei nicht. Lee schließt daraus wie folgt: „That this conference and the subsequent U.S.-USSR Joint Commission sessions of 1946 produced no substantial agreement and ended in failure bespeaks the fact that the Cold War was already brewing in Korea by early 1946" (Lee 2006: 86). Bis zum 6. Mai 1946 fanden 23 weitere Sitzungen der *US-Soviet Joint Commission* statt. Nachdem eine weitere Sitzung am 27. Mai 1947 ebenfalls ohne Ergebnis geblieben war, wurden die Beratungen auf unbestimmte Zeit vertagt (Edwards „Almanac" 24). Sowohl die sowjetische als auch die US-amerikanische

Seite ging daraufhin dazu über, die von ihnen besetzte Zone nach eigenen Vorstellungen zu formen.

2.2 Die Entwicklung auf der koreanischen Halbinsel

2.2.1 Die Entwicklung im nördlichen Teil Koreas

Bereits am 14. Oktober 1945 wurde in Pjöngjang das *North Korean Bureau of the Korean Communist Party* geschaffen (Edwards „Almanac" 21). Im Dezember desselben Jahres wählte das *North Korean Bureau of the Korean Communist Party* Kim Il-sung, der zu den Gründungsmitgliedern zählte, zum Vorstand. Kim hatte zuvor, zwischen 1932 und 1940, in der Mandschurei gegen die japanischen Besatzer gekämpft. Unter Kim Il-sung, der bereits bei seiner Ankunft in Korea am 19. September 1945 als Held ehrenhaft empfangen worden war, wurde das *North Korean Bureau of the Korean Communist Party* zur *Communist Party of Korea*. Am 16. Februar 1946 wurde in China von Exil-Koreanern die *New People's Party* gegründet. Ihr Vorsitzender war Kim Tu-bong. Am 22. Juli 1946 entstand aus dem Zusammenschluss der *New People's Party*, der *Communist Party of North Korea*, der *Democratic Party* und der *Party of Young Friends of the Celestial Way*[3] die *United Democratic National Front*. Aus dieser formierte sich am 28. August 1946 die *North Korean Worker's Party*. Rund ein Jahr später, am 4. September 1947, lehnte die sowjetische Führung den US-amerikanischen Vorschlag einer Viermächtekonferenz ab, auf der die Wiedervereinigung Koreas diskutiert werden sollte. Nachdem der Minister George C. Marshall am 17. September 1947 die Koreafrage vor die Vereinten Nationen gebracht hatte, beschloss deren Generalversammlung am 14. November 1947 die Schaffung der *United Nations Temporary Commission on Korea* (*UNTCOK*). Diese sollte allgemeine Wahlen auf der gesamten Halbinsel durchführen. Der Plan wurde gegen die Einwände der Sowjetunion beschlossen (Edwards „Almanac" 26). Am 24. Januar 1948 wurde den Mitgliedern der *UNTCOK* der Zutritt in den nördlichen Teil Koreas verwehrt, sodass allgemeine Wahlen nur im südlichen Teil stattfinden konnten. Nachdem im Norden des Landes am 25. August 1948 die Wahl der Abgeordneten des *Supreme People's Congress* stattgefunden hatte und am 3. September die Verfassung der Demokratischen Volksrepublik Korea (DVRK) verabschiedet

---

[3] Die *Party of Young Friends of the Celestial Way* vereinigte die Mitglieder einer religiösen Sekte, die zu dieser Zeit in Korea einen gewissen Einfluss hatte (Lankov 22).

worden war, erfolgte am 9. September 1948 schließlich die Proklamation der DVRK.

2.2.2 Die Entwicklung im südlichen Teil des Landes

Rhee Syng-man, der bereits 1911 aus Korea hatte fliehen müssen und daraufhin über 30 Jahre im Exil verbracht hatte, kehrte am 16. Oktober 1945 nach Seoul zurück. (Edwards „Almanac" 21) Er war bereits am 10. April 1919 zum Vorsitzenden des *Korean Provisional Government* gewählt worden, musste diesen Posten allerdings 1942 an Kim Gu abgeben (13). Ab dem 10. Mai 1948 ließ die *UNTCOK* im südlichen Teil des Landes allgemeine Wahlen durchführen. Gegen diese Maßnahme waren bereits am 3. April 1948 auf der Insel Jeju Aufstände ausgebrochen, gegen die das südkoreanische Militär und die Polizei „mit Unterstützung der amerikanischen Truppen mit Gewalt . . ." (Kleßmann und Stöver 165) vorgegangen war. „In diesem Zusammenhang wurden 30.000 der 150.000 Einwohner der Insel der Kollaboration mit den Rebellen beschuldigt und getötet" (165). Am 17. Juli 1948 trat schließlich die erste Verfassung der Republik Korea in Kraft. Rhee Syng-man wurde am selben Tag zum ersten Präsidenten dieser Republik gewählt. In seiner Ansprache zur Amtseinführung am 24. Juli desselben Jahres gab er als Ziel die Vereinigung von Nord- und Südkorea an und rief die nordkoreanische Führung auf, sich Südkorea anzuschließen (29). Am 14. August wurde die Souveränität von der US-amerikanischen Militärregierung auf die neu gegründete Republik Korea übertragen. Auch nach der Staatsgründung musste sich die Regierung in Seoul mit Aufständen auseinandersetzen; am 19. Oktober 1948 rebellierte ein Regiment der südkoreanischen Armee, dem ursprünglich die Aufgabe zugeteilt worden war, kommunistische Rebellen auf der Insel Jeju ausfindig zu machen, in der südkoreanischen Stadt Yosu. Diese Aufstände riefen große Verunsicherung unter den südkoreanischen Bürgern hervor (Edwards „Almanac" 30-1).

2.3 Politik der Eindämmung, *Truman-Doktrin* und NSC-68

Der Vorschlag einer Politik der Eindämmung (engl.: policy of containment) wurde erstmals von George F. Kennan, einem US-amerikanischen Diplomaten, formuliert. Kennan hatte in einem Telegramm auf die Frage des Finanzministeriums der Vereinigten Staaten nach der wirtschaftlichen Lage der Sowjetunion geantwortet. Seine 8.000 Wörter umfassende Antwort ging weit über das Thema hinaus. Sie stellte die „Urfassung" (Marquart-Bigmann 243) eines Artikels dar, den Kennan 1947 in der Februarausgabe des Magazines *Foreign Affairs* unter dem Pseudonym „X" veröffentlichte. In diesem Artikel, der den Titel „The Sources of Soviet Conduct" trug, analysierte Kennan den politischen Kurs der Sowjetunion und äußerte seine Einschätzung zur zukünftigen weltpolitischen Lage im Zeichen der Spannungen zwischen den USA und der Sowjetunion. Kennan strich die Unvereinbarkeit der Weltanschauungen beider Länder heraus: „The first of these concepts is that of the innate antagonism between capitalism and Socialism. . . . It must inevitably be assumed in Moscow that the aims of the capitalist world are antagonistic to the Soviet regime, and therefore to the interests of the peoples it controls" (Kennan). Aufgrund der gegenläufigen Interessen der beiden Länder sah er große Spannungen voraus:

> It must continue to expect that Soviet policies will reflect no abstract love of peace and stability, no real faith in the possibility of a permanent happy coexistence of the Socialist and the capitalist worlds, but rather a cautious, persistent pressure toward the disruption and weakening of all rival influence and rival power. (Kennan)

Für Kennan ergab sich aus dieser Schwierigkeit nur eine Lösung: „In these circumstances it is clear that the main element of any United States policy toward the Soviet Union must be that of long-term, patient but firm and vigilant containment of Russian expansive tendencies" (Kennan). Der Einfluss dieses Vorschlages war enorm und die US-amerikanische Außenpolitik der darauffolgenden Jahrzehnte sollte durch ihn entscheidend geprägt werden.
Am 12. März 1947 hatte der US-amerikanische Präsident Harry S. Truman vor dem US-Kongress eine Rede zur Lage in Griechenland und der Türkei gehalten. Die grundlegenden Aussagen dieser Rede gingen als *Truman-Doktrin* in die Geschichte ein (Hanes und Hanes 23). In seiner Rede unterschied Truman deutlich zwischen zwei sich diametral entgegenstehenden Gesellschaftsformen:

> At the present in world history nearly every nation must choose between alternative ways of life. The choice is too often not a free one. One way of life is based upon the will of the majority, and is distinguished by free institutions, representative govern-

ment, free elections, guarantees of individual liberty, freedom of
speech and religion, and freedom from political oppression. The
second way of life is based upon the will of a minority forcibly
imposed upon the majority. It relies upon terror and oppression,
a controlled press and radio; fixed elections, and the suppression
of personal freedoms. („Truman Doctrine")

Die *Truman-Doktrin* stand am Beginn der US-amerikanischen Politik der Eindämmung kommunistischer Bestrebungen, das sowjetische Herrschaftsgebiet auszudehnen. Am 14. April 1950 wurde Präsident Truman vom Nationalen Sicherheitsrat ein Memorandum vorgelegt, dessen Inhalt die ideologische „Erweiterung der Truman-Doktrin" (Ehlert und Rogg 61) bildete. In diesem Memorandum, das den Titel *A Report to the National Security Council by the Executive Secretary on United States Objectives and Programs for National Security* trug, war eine Einschätzung der sowjetischen Ziele erfolgt.

Das Ziel der sowjetischen Politik, so hieß es darin, sei die vollständige Subversion oder die gewaltsame Zerstörung der Regierungs- und Gesellschaftsstruktur in den Ländern der nichtsowjetischen Welt und deren Ersetzung durch ein System, das dem Kreml unterworfen sei und von ihm kontrolliert werde. (61)

In dem Memorandum, das auch als NSC-68 bekannt wurde, forderten die Autoren, auch angesichts der ersten erfolgreichen Zündung einer sowjetischen Atombombe im August 1949, eine massive US-amerikanische Aufrüstung (61). Das Memorandum NSC-68 gilt als eines der „Schlüsseldokumente des Kalten Krieges" (Bierling 110) und wird von Hastedt als „strategic blueprint for containing Soviet expansion" (Hastedt 102) bezeichnet. Die Angst, dass die Sowjetunion versuchen könnte, in weiteren Ländern kommunistische Gesellschaftsformen zu etablieren, um diese so kontrollieren zu können, prägte die Zeit des *Kalten Krieges*[4] bis in die 1990er Jahre. Bedingt war diese Angst sowohl durch politische Umstände, weitreichende Verschiebungen im Mächteverhältnis der Staaten der Welt, die Einteilung fast aller dieser Staaten[5] in einen der beiden Blöcke als auch

---

[4] Der Begriff *Kalter Krieg* bezeichnet „the open yet restricted rivalry that developed after World War II between the United States and the Soviet Union and their respective allies" („Cold War") und wurde von dem Finanzier Bernard Baruch geprägt, der ihn in einer Ansprache 1947 verwendete (Kleßmann und Stöver 29).

[5] Zu den neutralen Staaten zählten beispielsweise Schweden, Finnland, Österreich, die Schweiz und Irland (Vanden Berghe 157).

durch gezielte Einflussnahme der Medien während dieser Zeit.

2.3.1 *Red Scare*

Nach dem Zweiten Weltkrieg verbreitete sich zum zweiten Mal[6] in der Geschichte der USA eine antikommunistische Stimmung, die von einer vagen Furcht vor einer kommunistischen Infiltration des Landes begleitet wurde. Ihren Höhepunkt fand diese Entwicklung in den Anhörungen vor dem *House Un-American Activities Committee* (*HUAC*), denen sich US-Amerikaner stellen mussten, die kommunistischer Umtriebe bezichtigt worden waren. Die Furcht vor „kommunistischer Infiltration, kommunistischer Indoktrination, kommunistischer Subversion und der internationalen kommunistischen Konspiration"[7] (Kagan 120) wurde von einer Aussage des Senators Joseph McCarthy noch verstärkt, der im Februar 1950 behauptete, 200 Kommunisten hätten das US-amerikanische Außenministerium infiltriert und arbeiteten dort mit der Duldung des Außenministers Dean Acheson. Diese Aussage provozierte einen Sturm der Entrüstung in der US-amerikanischen Öffentlichkeit (Toropov 127), aufgrund dessen sich der US-Kongress veranlasst sah, im September 1950 den vom republikanischen Senator Patrick Anthony McCarran initiierten *Internal Security Act* (auch *McCarran Act*) zu verabschieden (Raymond 289). Dieser sah die Registrierung aller sich in den USA befindlichen Kommunisten sowie deren Entfernung aus dem Umfeld des Militärs vor (Johnson 37). Bekannte Persönlichkeiten wie beispielsweise die Schauspieler Humphrey Bogart, Elia Kazan und James Cagney oder der Schriftsteller Arthur Miller gerieten so in die Schusslinie derer, die verbissen gegen eine kommunistische Unterwanderung kämpften (Bloom 128, Golway 5). Die Furcht vor dem Kommunismus durchdrang viele Bereiche des Lebens der US-Bürger und nahm mitunter bizarre Züge an. Es entstanden cineastische Machwerke teils zweifelhafter Qualität, die mit klingenden Titeln wie *The Red Menace* (1949), *The Red Danube* (1949), *I Was a Communist for the FBI* (1951) oder *The Day the World*

---

[6] Bereits 1917 war es in den USA zu einer *Red Scare* gekommen.

[7] Stanley Kubrick ließ in seinem 1964 erschienenen Film „Dr Strangelove or: How I Learned to Stop Worrying and Love the Bomb" die Figur des verrückt gewordenen Generals Jack Ripper die folgenden Worte äußern: „I can no longer allow Communist infiltration, Communist indoctrination, Communist subversion, and the international Communist Conspiracy ... to sap and impurify all of our precious bodily fluids" (Kagan 120). Dieser Satz verdeutlicht auf satirisch zugespitzte Weise die in der Zeit der *Red Scare* um sich greifenden Ängste vor einer kommunistischen Unterwanderung der US-amerikanischen Bevölkerung.

Ended (1955) versehen wurden (Hayward 432). 1947 erschien in dem Magazin *Look* ein Artikel, der den US-Bürgern eine Anleitung bot, wie man Kommunisten erkennen könne. Der Titel dieses Artikels lautete „How to Spot a Communist" (Engelhardt 116). 1954 benannte sich die Baseballmannschaft *Cincinnati Reds* um, da man Assoziationen mit dem Kommunismus vermeiden wollte (Batesel 188). In einer Zeit, die von einer derartigen Paranoia geprägt war, erschien der Ausbruch des Koreakrieges vielen Menschen als zusätzliche Bestätigung ihrer Ängste vor einer Ausbreitung des Kommunismus auf der Welt.

3 Chronologischer Überblick Korea-Krieg

Der Korea-Krieg nahm seinen Anfang im Morgengrauen des 25. Juni 1950, als nordkoreanische Truppen den 38. Breitengrad überschritten. Dieser war bereits 1945 als Grenze zwischen der US-amerikanischen und der sowjetischen Besatzungszone festgelegt worden. Bereits drei Tage nach dem Überschreiten der Grenze gelang es nordkoreanischen Truppen, die südkoreanische Hauptstadt Seoul einzunehmen. Am 8. Juli 1950 wurde General Douglas MacArthur vom amerikanischen Präsidenten Harry S. Truman zum Oberbefehlshaber der UN-Streitkräfte in Korea ernannt. Unter dem Kommando MacArthurs landete am 15. September 1950 eine 70.000 Mann starke Truppe der UN-Streitkräfte an den Stränden Incheons und der etwa einen Kilometer entfernten Insel Wolmi-Do. Neben den US-amerikanischen und den südkoreanischen Truppen nahmen an dieser Landung auch Einheiten aus Australien, Kanada, Neuseeland, Frankreich, den Niederlanden und Großbritannien teil. Die *Operation Chromite*, so der Codename dieser Landung, stellte die erste bedeutende Wende im Korea-Krieg dar. In den darauffolgenden Tagen gelang es den UN-Streitkräften den nordkoreanischen Gegner so weit zurückzudrängen, dass General MacArthur am 26. September 1950 Seoul für befreit erklären konnte. Am 1. Oktober 1950 überschritten die ersten südkoreanischen Soldaten den 38. Breitengrad. Die Eroberung Nordkoreas durch die UN-Streitkräfte erfolgte vom 7. Oktober[8] bis zum 28. November 1950. So konnte am 19. Oktober 1950 die Eroberung der Hauptstadt Pjöngjang durch die UN-Streitkräfte vermeldet werden. Der 26. Oktober 1950 markiert einen weiteren Wendepunkt des Koreakrieges. An diesem Tag überschritten UN-Truppen

---

[8] Die zeitliche Verschiebung des Überschreitens der Grenzlinie seitens der UN-Truppen ergab sich aus der Tatsache, dass dies durch die Generalversammlung der Vereinten Nationen erst am 7. Oktober autorisiert wurde (Edwards „Almanac" 112).

den chinesischen Grenzfluss Yalu im äußersten Norden der Halbinsel (Edwards „Almanac" 39-123). Daraufhin entsandte das Staatsoberhaupt der Volksrepublik China, Mao Zedong, Truppen, deren Stärke Schätzungen zufolge zwischen 300.000 und 1 Million Mann betrug (Pearlman 125). Vom 26. November bis zum 13. Dezember 1950 kämpften die UN-Streitkräfte am nordkoreanischen Changjin-Stausee gegen zahlenmäßig weit überlegene chinesische Truppen. Diese Kämpfe wurden später bekannt als *Schlacht um das Chosin-Reservoir*[9]. Sowohl die UN-Streitkräfte als auch die chinesische und nordkoreanische Armee hatten nach dieser Schlacht enorme Verluste zu beklagen. Ab dem 1. Januar 1951 starteten die chinesischen und nordkoreanischen Truppen eine Gegenoffensive, die es ihnen ermöglichte, am 4. Januar 1951 Seoul zurückzuerobern. Am 14. März jedoch konnte die Hauptstadt erneut von den UN-Streitkräften besetzt werden. Ab diesem Zeitpunkt erstarrte der Konflikt auf der koreanischen Halbinsel und wurde zu einem Stellungskrieg, der entlang des 38. Breitengrades ausgetragen wurde und bis zum Waffenstillstandsabkommen im Juli 1953 andauerte. Am 11. April 1951 wurde General Douglas MacArthur wegen Insubordination seines Postens enthoben (Hastedt 74). Zu seinem Nachfolger ernannte Präsident Truman Matthew Ridgway, der bis zu diesem Zeitpunkt das Kommando über die 8. US-Armee in Korea gehabt hatte. Am 10. Juli 1951 fanden im nordkoreanischen Kaesong die ersten Waffenstillstandsverhandlungen des Koreakrieges statt. Die gegnerischen Seiten kamen zu diesem Zeitpunkt allerdings zu keinem Ergebnis. Vom 13. September bis zum 15. Oktober 1951 fand schließlich die letzte große Schlacht des Krieges in einer Bergkette einige Kilometer nördlich des 38. Breitengrades statt. Diese Kämpfe, die später als *Schlacht von Heartbreak Ridge* bekannt wurden, forderten auf der Seite der UN-Streitkräfte etwa 3.700 und auf der gegnerischen Seite etwa 25.000 Tote und Verwundete. Vom 11. Juli bis zum 27. August 1952 erfolgten massive Luftangriffe der *United States Air Force* auf nordkoreanische Stellungen (Edwards 2010: 13). Das Ergebnis dieser Angriffe beschreibt Cumings wie folgt: „By 1952, just about everything in northern and central Korea was completely leveled" (Selden und So 75). Zwei Jahre und siebzehn Tage nach den ersten Waffenstillstandsverhandlungen wurde schließlich am 27. Juli 1953 in der

---

[9] Die unterschiedliche Bezeichnung des Stausees ist der Tatsache geschuldet, dass der japanische Name „Chosin", der alten japanischen Militärkarten entnommen worden war, von den US-Amerikanern zur Bezeichnung der Schlacht übernommen wurde (Hosch 34). Es existieren Quellen, in denen die Behauptung aufgestellt wird, dass der japanische Name „Chosin" dem koreanischen Namen „Changjin" vorgezogen wurde, weil sich der Name „Chosin" auf das englische Wort „frozen" reime. Die Kämpfe fanden bei eisigen Temperaturen statt (Rice 100-2).

militärischen Siedlung Panmunjeom ein Waffenstillstandsabkommen zwischen der UNO und der Demokratischen Volksrepublik Korea geschlossen. Man einigte sich auf die Einrichtung einer vier Kilometer breiten entmilitarisierten Zone (*demilitarized zone; DMZ*), in deren Mitte die Grenze zwischen den beiden Staaten verlaufen sollte (Edwards „Almanac" 123-424). Die *DMZ* existiert bis heute und zählt zu den am strengsten bewachten und undurchlässigsten Grenzregionen der Welt (Bernabeo 885). Trotz des unterzeichneten Waffenstillstandsabkommens wurde zwischen Nord- und Südkorea nie ein Friedensvertrag geschlossen. So befinden sich die beiden Staaten bis heute formell immer noch im Kriegszustand. Über die Anzahl der Opfer, die der Koreakrieg forderte, herrscht Uneinigkeit. In unterschiedlichen Publikationen sind Zahlen zwischen etwa 2 Millionen und 4,5 Millionen zu finden[10]. Einige Autoren geben für die Opfer unter der Zivilbevölkerung eine Zahl von 2 Millionen in Nord- und Südkorea an[11]. Auch die infrastrukturellen Schäden in beiden Hälften Koreas waren enorm. Yi schreibt hierzu: „The Korean War almost completely wiped out Korea's production facilities and infant infrastructure" (Yi 17).

4 Das Nachrichtenmagazin *TIME*

Das Nachrichtenmagazin *TIME* wurde am 3. März 1923 von Briton Hadden und Henry Robinson Luce gegründet. Hadden und Luce hatten sich bereits 1915 auf der renommierten Hotchkiss School in Lakeville, Connecticut, kennengelernt, wo sie als Herausgeber zweier konkurrierender Schulzeitschriften in scharfem, aber freundschaftlichem Wettbewerb standen. 1917 wurden die beiden Herausgeber an der Yale University in New Haven, Connecticut, zu engen Freunden. Nachdem sie einige Jahre lang Erfahrungen bei verschiedenen Zeitungen gesammelt hatten, gelang es ihnen, sich etwa 86.000 US-Dollar zu leihen. Ein großer Teil des Geldes stammte von ehemaligen Kommilitonen der Yale University (Magnus 14). „Nach vielen Mühen und der Überwindung großer Schwierigkeiten erschien schließlich am 2. März 1923, 16 Uhr, die erste Ausgabe von 'TIME. The weekly newsmagazine' mit einer Auflage von 12.000 Exemplaren, von denen 9.000 im Abonnement verkauft wurden. Als Erscheinungstag aber gilt der 3. März 1923" (14). Bereits vom ersten Erscheinungstag an war der besondere Schreibstil aufgefallen, der von

---

[10] So etwa bei Issermann 120, Ross 270, Kaufman 15
[11] So etwa bei Issermann 120, Kleßmann und Stöver 161

Briton Hadden geprägt wurde. In den USA wurde der Stil als *Timestyle* oder *Timese* bekannt. „Entscheidende Merkmale des Timestyle waren Anhäufungen deskriptiver Adjektive und umgekehrte Sätze. Auch wurden Wörter zusammengesetzt, wobei Teile der ursprünglichen zwei Wörter wegfielen" (19). Im *Literary Companion Dictionary* kann man zur Beschreibung dieses Stils die folgende Eintragung finden:

> The characteristically heady and melodramatically compressed prose style of *Time* magazine, with particular reference to its zesty verbs, marshaled characterizing adjectives and hyphenated compound words, clever coinage and puns and above all (formerly) the frequent use of verbs at the beginnings of sentences and hence inverted syntax[12]. (Grambs 369)

Der *Timestyle* ist „heute [aber] nur noch in stark abgeschwächter Form in TIME zu finden" (Magnus 19). Laut Magnus wiesen „die volkstümliche Sprache und die ausführlichen Erklärungen zu jeder Nachricht . . . deutlich darauf hin . . .", dass sich das Magazin „an eine breite, unbegrenzte Öffentlichkeit, d.h., an alle sozialen und bildungsmäßigen Schichten . . ." richtete (121). Mit Verweis auf Martin wird jedoch behauptet, dass „Wissen und Bildung der TIME-Leser über dem Durchschnitt" lägen. „Laut der Markt-Studie *Mendelsohn Affluent Survey* für das Jahr 2002 weist *TIME* unter den US-amerikanischen Nachrichtenmagazinen . . . die bestverdienende Leserschaft auf. . . . Ein großer Prozentsatz ist sehr gut ausgebildet. . . . 17,1% der *TIME*-Leser können laut dieser Untersuchung dem Top-Management zugerechnet werden" (Wolf 251). Verschiedentlich wird in Publikationen die Überzeugung geäußert, Luce und Hadden hätten mit *TIME* das Konzept des Nachrichtenmagazins erfunden[13]. In der *Encyclopedia of Journalism* wird diese Einschätzung allerdings relativiert: „But depending how one defines the genre, *TIME* was not the first such weekly – that honor would seem to go to Britain's *Economist*, which dates to the 1840s" (Sterling 1006).

Luce und Hadden waren davon überzeugt, dass die US-amerikanischen Leser trotz eines breiten Spektrums an Publikationen unzureichend informiert waren (Magnus 12). Diesem Notstand wollten die Herausgeber mit einem besonderen

---

[12] Der Gebrauch der invertierten Satzstellung veranlasste den US-amerikanischen Humoristen und Autor Wolcott Gibbs, der für das Magazin *The New Yorker* schrieb, den Stil des Nachrichtenmagazins *TIME* folgendermaßen darzustellen: „Backward ran sentences until reeled the mind." Der Artikel schloss mit den Worten „Where it all will end, knows God" (Fryxell 237).

[13] etwa bei Magnus 10, Hiebert und Gibbons 62

Konzept entgegenwirken. Das Konzept sah die wöchentliche Zusammenfassung wichtiger Nachrichten sowie deren „Erklärung" vor (Vaughn 529). Das Problem mangelnder Neutralität wurde laut Magnus in einem von Luce und Hadden verfassten „Prospectus" erläutert (Magnus 12): „The editors recognize that complete neutrality on public questions and important news is probably as undesirable as it is impossible, and are therefore ready to acknowledge certain prejudices which may in varying measure predetermine their opinions on the news" (13). Noch deutlicher wird der Standpunkt des Nachrichtenmagazins in einem Nachruf auf Luce in der Zeitung *The New York Times*. Diese zitierte Luce mit den Worten: „We tell the truth as we see it . . . Show me a man who claims he is objective . . . and I'll show you a man with illusions." (Whitman). Die Herausgeber verfolgten das Konzept des „group journalism", das ihnen eine gewisse Kontrolle sicherte (Lentz 9). Dieses Konzept wurde 1968 von einem bei Luce angestellten Journalisten wie folgt beschrieben: „The correspondent reports it, the researcher checks it, the writer writes it, the senior editor checks it, and the top editor disposes of it both ideologically and mechanically" (9). Der „group journalism"[14] ist der Grund für die bis in die 1980er Jahre fehlende Verfasserzeile in *TIME* (Shin und Ahrens). In den 1920er und 1930er Jahren bezog das Nachrichtenmagazin noch selten politische Positionen. Dies änderte sich allerdings in den darauffolgenden Jahren und die persönlichen Ansichten des Herausgebers Luce sollten immer mehr in die Berichterstattung in *TIME* einfließen, ein Merkmal, das charakterisierend für das Nachrichtenmagazin werden sollte (Brinkley 155). Zur politischen Einstellung Luces schreibt Siracusa: „Henry R. Luce, an internationalist Republican and firm anticommunist" (Siracusa 283). 1948 sagte der Chefredakteur Whittaker Chambers, der seit 1939 für *TIME* gearbeitet hatte, vor dem *HUAC* aus. Er beschuldigte den ehemaligen Angestellten im US-amerikanischen Außenministerium Alger Hiss, 1930 Mitglied in einem kommunistischen Spionagering gewesen zu sein (Toropov 30). Als bekannt wurde, dass Chambers, der seine antikommunistischen Ansichten häufig mit besonderer Schärfe formuliert hatte (Brinkley 336), früher selbst Mitglied der kommunistischen Partei gewesen war, brachte dies einige Unannehmlichkeiten für das Nachrichtenmagazin mit sich (410). Luce hatte schon

---

[14] Die fehlenden Verfasserzeilen und das Konzept des „group journalism" sind der Grund für eine, die Autorenschaft betreffend, personifizierte Schreibweise in der vorliegenden Arbeit. Um eine bessere Lesbarkeit zu gewährleisten, soll auf Formulierungen wie „Die Autoren des Artikels schrieben…" verzichtet werden. Stattdessen soll zu Formulierungen wie „*TIME* schrieb…" gegriffen werden.

1946 damit begonnen, Mitarbeiter, die mit dem Kommunismus sympathisierten, aus seiner Redaktion zu entfernen (411).

Obwohl die 1950er Jahre in den USA durch die Einführung eines neuen Mediums gekennzeichnet sind, blieben die Printmedien vorerst als Primärquelle der Informationsbeschaffung bestehen („Tightening Newspaper Market"); 1950 fand sich in weniger als 10% der US-amerikanischen Haushalte ein Fernsehgerät[15] (Ott 7). Im Oktober 1950 gab *TIME* eine Auflagenhöhe von 1.600.000 an („A Letter From The Publisher, Oct. 23, 1950").

5 Die Darstellung des Kommunismus in *TIME*

5.1 Die Darstellung des Kommunismus als Staats- und Gesellschaftsordnung

Bei der Untersuchung der Darstellung des Kommunismus als Staats- und Gesellschaftsordnung ist in den Artikeln in *TIME* aus den Jahren 1950 bis 1953 eine starke und beständige antikommunistische Haltung erkennbar. Dabei dürfen die Berichterstattung jener Zeit zweifelsohne prägende Ereignisse in ihren Auswirkungen sowohl auf die mediale Berichterstattung wie auch auf die öffentliche Meinung nicht unterschätzt werden. Nennenswert sind in diesem Zusammenhang beispielsweise die Proklamation der Volksrepublik China unter Mao Zedong am 1. Oktober 1949, die Blockade West-Berlins durch die Sowjetunion vom Juni 1948 bis zum Mai 1949, die Zementierung der Teilung Deutschlands, die in den USA um sich greifende Furcht vor einer kommunistischen Unterwanderung des Landes sowie die Herausbildung einer bipolaren Weltordnung. Allen untersuchten Artikeln aus den Jahren 1950 bis 1953 ist ein besorgter Unterton, die Ausbreitung des Kommunismus betreffend, eigen. Deutlich bringt *TIME* die Furcht vor unzureichenden Mitteln der Verteidigung gegen den „kommunistischen Aggressor" zum Ausdruck. Die Bedrohung durch den Kommunismus scheint in *TIME* weltumfassend und permanent vorhanden: „The Communist intention to destroy what order existed in the rest of the world had been plainly published and implacably pursued" („In the Cause of Peace"). Die Intention der Kommunisten wird hier auf die Zerstörung einer vorhandenen, aus Sicht des Nachrichtenmagazins einwandfrei funktionierenden Staats- und Gesellschaftsordnung, die in diesem Fall die

---

[15] „That number had risen to nearly 90 percent by the end of the decade" (Ott 7).

kapitalistische der USA meint, reduziert. Die Stoßrichtung der angeblichen kommunistischen Zerstörungswut verdeutlicht Brinkley: „Soviet Russia was, Time noted, the self-proclaimed 'graveyard of capitalism'" (Brinkley 159). Dabei wurde den Kommunisten häufig auch eine gewisse Undurchsichtigkeit bescheinigt. So schrieb *TIME* am 9. April 1951 in dem Artikel „War: INSIDE RED CHINA": „Like Communists everywhere, Red China's rulers try to shield themselves from the view of the non-Communist world" („War: Inside Red China"). An anderer Stelle wurde das Ziel der Kommunisten mit dem Ausdruck „world domination" benannt („POLICIES & PRINCIPALS: Show of Purpose"). Die kommunistisch regierten Länder werden den Lesern als undurchschaubar und folglich unberechenbar präsentiert, ein Umstand, der die Angst der Leser vor dem Unbekannten noch verstärkt haben dürfte.

Am 10. Juli 1950 schrieb *TIME*: „In Korea – as in China, Indo-China, Malaya, and Burma – native Communists, shouting slogans of freedom and independence, were forging for their people heavier chains of slavery than even Asia had known" („Over the Mountains: Mountains"). Der Vergleich des Kommunismus mit der Sklaverei erscheint aus heutiger Sicht erstaunlich, waren in den USA selbst doch längst nicht alle Folgen dieser Institution beseitigt und die Rassentrennung nach dem Grundsatz „seperate but equal" zumindest in den Südstaaten der USA immer noch präsent. Fousek schreibt hierzu: „To most African Americans in the late 1940s, the division between free and unfree, globally as well as domestically, still fell along the color line more than the Iron Curtain" (Fousek 132). Nichtsdestotrotz dient dieser Vergleich der Charakterisierung eines Systems, in dem starke Abhängigkeitsverhältnisse herrschen. Hier stellt *TIME* die „Parolen rufenden Kommunisten" als Lügner dar, die entgegen ihren wahren Absichten Freiheit und Unabhängigkeit propagieren („Over the Mountains: Mountains"). Diese Darstellung wiederum suggeriert dem Leser, dass eine Verbindung zwischen den Begriffen „Kommunismus" und „Unfreiheit" besteht, während das US-amerikanische System in der Schlussfolgerung an den Begriff „frei" gebunden wird.

5.2 Die Darstellung Joseph Stalins, Mao Zedongs und Kim Il-sungs

Bei der Berichterstattung über die kommunistischen Führer Joseph Stalin, Mao Zedong und Kim Il-sung flossen in die Kritik von *TIME* regelmäßig abwertende und beleidigende Anmerkungen mit ein. Brinkley schreibt dazu: „Stalin was of great interest to Time, as all great and powerful men were. But in most cases the magazine had great difficulty concealing its contempt" (Brinkley 159).

Am 17. Juli 1950 erschien in *TIME* ein Artikel mit dem Titel „War: The Cat in the Kremlin", der sich der Person Joseph Stalin widmete. Nachdem in diesem Artikel eingangs Fragen nach der Entwicklung des Krieges in Korea gestellt wurden – nicht ohne auch die Möglichkeit eines atomaren Krieges zu erwähnen – wurde für die Beantwortung derselben auf den Kreml verwiesen: „The answer was buried in the mind of a grey, catlike old man behind the walls of the Kremlin" („War: The Cat in the Kremlin"). Die Entscheidung über den Ausgang des Konfliktes liegt laut *TIME* folglich ganz in Stalins Händen. Weiterhin fragt *TIME*: „Would the cat in the Kremlin jump again? If he did, where and how would he strike? Or could he again be made to purr benignly in the role that had persuaded a lot of Americans (who would now like to bite their tongues off) to call him, fondly, Uncle Joe?"[16] („Cat"). Im letzten Satz des Zitates prangert *TIME* die Gutgläubigkeit vieler US-Amerikaner an, die der Rolle Stalins als „nettem Onkel" vertraut und seine Person so unterschätzt hätten. Beim Betrachten des Artikels ist der mehrfache Gebrauch katzenartiger Eigenschaften bei der Beschreibung Stalins auffällig. Katzen werden gemeinhin als unter anderem berechnend, hinterhältig, einzelgängerisch und geschickt bezeichnet (Singer 441). Durch den Vergleich Stalins mit einer Katze überträgt der Leser die oben genannten Eigenschaften auf die Persönlichkeit Stalins. *TIME* kann auch passende „Spielzeuge" für die „Katze" ausmachen: „The West's experts on the Communist mind try to imagine themselves in the Kremlin and look around the world from there, trying to see the world through Stalin's cat's eyes. The main mice in sight: Indo-China, Iran, Turkey, Yugoslavia, Germany" („War: The Cat in the Kremlin")[17]. Einige Abschnitte später geht *TIME* auf die Rolle Stalins unter den Kommunisten der Welt ein, bei denen eine bestimmte Hierarchie zu bestehen scheint. Es folgt die Begründung für Stalins Stellung an der Spitze dieser Hierarchie: „Stalin is the No. 1 Communist not merely because he has the top job but because he himself is in a notably advanced stage

---

[16] 1943 veränderte sich angesichts der militärischen Lage das Bild Stalins als rücksichtslosem Diktator in der US-amerikanischen Gesellschaft und wurde durch das Bild des wohlwollenden „Uncle Joe" ersetzt. Präsident Roosevelt benutzte den Ausdruck „Uncle Joe", die Presse griff diesen Ausdruck auf und er verbreitete sich im US-amerikanischen Volk (Kaplan 5).

[17] Die Darstellung Stalins als Katze war über die Grenzen der *TIME*-Redaktion hinaus verbreitet. So finden sich beispielsweise Karikaturen, die Stalin als Katze darstellen (Szewczuk, Marcus). Stalins Nachfolger, Nikita Sergejewitsch Chruschtschow, sagte angesichts dessen Ablebens angeblich: „Tonight, the mice have buried the cat" (Rapoport 211) und Mao beschwerte sich über die Beziehung zur Sowjetunion: „He complained that the Sino-Soviet relationship was like that 'between father and son or between cat and mouse'" (Martel 370).

of Communism; in the language of the syphiologist, he might be called a tertiary Communist" („Cat"). In besonderem Maße abwertend ist hierbei die Anspielung auf die Geschlechtskrankheit Syphilis, die zudem im genannten tertiären Stadium das zentrale Nervensystem des Erkrankten zerstören kann. Der Ideologie des Kommunismus als Staats- und Gesellschaftstheorie werden so Eigenschaften einer übertragbaren Krankheit zugeschrieben. Des Weiteren finden Stalins Kindheit, die durch seinen alkoholabhängigen Vater geprägt worden sei, sowie Stalins Rolle als Polizeispitzel Erwähnung. *TIME* nimmt dabei Bezug auf Quellen, deren Identität verborgen bleibt. Den Lesern von *TIME* wird so eine Verbindung der Person Joseph Stalins mit Krankheit und ferner dem Tod suggeriert. Auch die mehreren Millionen Opfer, die die Zwangskollektivierung ab 1928 und der „Große Terror" zwischen 1936 und 1938 forderten, werden angesprochen. Der Tod von Stalins zweiter Ehefrau Nadescha Allilujewa wird, wiederum unter Verweis auf nicht näher genannte Quellen, Stalin zur Last gelegt. Dies unterstreicht, neben der Erwähnung Millionen Toter, Stalins Grausamkeit. *TIME* fügte hinzu: „The story is not told to hang another murder on Stalin; one more would hardly affect the balance. The point is that Stalin's country is the kind of place where a lot of people can believe that the ruler killed his own wife, yet nobody can do anything about it" („Cat"). Stalins Skrupellosigkeit und Mordlust wird eine Masse sowjetischer Bürger gegenübergestellt, die den grausamen Auswüchsen eines unterdrückerischen Systems ohnmächtig ausgeliefert ist. Schließlich wird im Artikel die Rolle der Finnen hervorgehoben, die sich nicht von Stalin hätten täuschen lassen: „Finland knows Stalin too well to be deceived by the twinkling Uncle Joe act" („Cat"). *TIME* zeichnet hier das Bild eines janusköpfigen Politikers, dessen Zwiespältigkeit die Täuschung der Weltöffentlichkeit zum Ziel hatte. Für *TIME* steht fest, dass nur eine der Persönlichkeiten Stalins dem wahren Wesen des Oberbefehlshabers der Roten Armee entsprechen kann, nämlich die des Machtpolitikers mit Kalkül. Diese Einschätzung wird auch im folgenden Zitat explizit deutlich gemacht: „Stalin & Co.'s evil and their power were of the mind, not of the emotions. Their calculations were as cold as the Volga in February, as dry as a page of Marx" („Cat"). Die mit absoluter Gefühlskälte einhergehende Zielstrebigkeit, die durch eine derartige Darstellung suggeriert wird, verstärkt sich bei der weiteren Lektüre des Artikels noch:

> They belonged to a new profession, the careerists of absolute power. They had the pursuit of power worked out like a textbook on surgery, and they followed it with a surgeon's icy con-

centration. This did not mean that they were infallible; they often blundered. But they never panicked, they never acted on impulse, and they never relented. („Cat")

Auch Winston Churchills Bezeichnung der „Männer im Kreml" wird von *TIME* aufgenommen: „The keenest political observer alive in the 20th century, in a typical Curchillian phrase, once privately called the men in the Kremlin 'those ruthless and bloody-minded professors'" („Cat"). Der zwiespältigen Faszination, die eine derart eiskalt berechnende Persönlichkeit ausstrahlt, kann sich nicht einmal *TIME* ganz entziehen. So wird angemerkt: „Stalin & Co. might, in a sense, be mad; but they played excellent chess" („Cat"). Die Einschätzung Stalins als hinterlistig und berechnend wird im letzten Satz des Artikels noch einmal verstärkt, indem die Bemerkung eines französischen Beobachters von *TIME* „sehr frei" mit „When the cat purrs, it's about to pounce" („Cat") übersetzt wird. Am 16. März 1953, elf Tage nach Stalins Tod, erschien in *TIME* ein Artikel mit dem bezeichnenden Titel „Death In The Kremlin: Killer of the Masses", der einen Rückblick auf Stalins Werdegang bot. *TIME* schrieb:

> Joseph Stalin never gave up killing people. It was always necessary in the kind of regime he ran. He killed until he died. He killed methodically, almost as if to say: nothing personal, merely inevitable. ... In the outer world, in those days, many intellectuals excused Stalin's methodical slaughter as a necessary first step toward a Communist paradise on earth. („Death In The Kremlin: Killer of the Masses")

Der dreimalige Gebrauch des Verbes „to kill" wird in diesem Abschnitt des Artikels mit den Adjektiven „inevitable" und „necessary" versehen. Dadurch wird dem Leser eine Gesetzmäßigkeit suggeriert, die die Person Stalins und daraus abgeleitet auch die Ideologie des Kommunismus mit dem Akt des Tötens von Menschen verbindet. Des Weiteren wird „methodisches Abschlachten" von Menschen mit der Erlangung eines „kommunistischen Paradieses" verknüpft. Die enorme moralische Gegensätzlichkeit, die in der Verwendung der Wörter „slaughter" und „paradise" zum Ausdruck kommt, scheint nur der antikommunistischen, westlichen Welt zugänglich zu sein, während eine derartige Vorgehensweise durch die Wortwahl in *TIME* in der kommunistischen Welt als notwendiges und gleichzeitig nebensächliches Übel dargestellt wird. Die zur Ausübung derart grauenvoller Taten notwendige Gefühlskälte ist laut *TIME* bei Stalin durchaus gegeben: „But, listening to Lenin's cold, hard logic, Stalin became a devoted disciple. A cold and careful mind responded to a cold and brilliant mind" („Killer").

Stalins äußeres Erscheinungsbild wird von *TIME* wie folgt beschrieben:

> Stalin was a small, unhandsome man. Visitors were always surprised he was so short, guessed his height at 5 ft. 4 in., his weight from 150 Ibs. to 190 Ibs. His complexion was swarthy, sometimes yellowish, and his face was lightly pitted from a childhood smallpox. His hair was grey and stiff as a badger's, his mustache white. His expression was usually sardonic, his rare smile saturnine. When he laughed loudly he exposed a mouth full of teeth – jagged, yellow teeth – and the sound of his laughter was a controlled, relaxed, hissing chuckle. („Killer")

Hier erfolgt die Beschreibung der Person mittels negativ besetzter Adjektive, die einzig der Herabwürdigung der Person Stalins dienen und im Leser die Ablehnung derselben hervorrufen sollen. Dies ist auch im folgenden Satz der Fall: „In the ruthless quarrel over the succession, Stalin showed his cold genius as a political boss: patience to wait, sureness in striking" („Killer"). Hier wird dem Bild Stalins als „Genie" erneut der Begriff der „Kälte" zugeordnet. *TIME* schließt den Artikel mit den Worten „Stalin's empire . . . was the largest empire ever put together by any one man, and at his death it was still intact – except that it no longer had Stalin, a man of ceaseless evil and immense success" („Killer").

Die Autoren verwiesen in *TIME* auch oft auf eine unter Kommunisten verbreitete Faszination für westliche, meist US-amerikanische, Waren und Lebensweisen. Dies ist beispielsweise der Fall im Artikel „War: Substantial Citizens", in dem das sowjetische Kommissariat in Pjöngjang beschrieben wird:

> On the city's main thoroughfare the Russians maintained their own commissary, a steel-shuttered building crammed with excellent wines, vodkas, caviar and cosmetics. In their embassy itself we found expensive radios and photographic equipment, heavy silver ashtrays and a completely cooked meal which the Russians never got to eat. („War: Substantial Citizens")

Das Bild, das *TIME* hier im Leser hervorruft, ist das einer egoistischen, raffgierigen Elite, die sich in ihren Privatgemächern der Völlerei hingibt, während die Untertanen in armseligen Behausungen darum kämpfen müssen, sich ausreichend ernähren zu können. Bei der Darstellung von Stalin dürfte sich wohl auch der Per-

sonenkult, der sich um den „Stählernen" entwickelt hatte, für das Nachrichtenmagazin vorteilhaft gewesen sein. So schreibt Brinkley: „Stalin himself was a reflection of the darkness and mystery that characterized his nation: a man shrouded by a 'taciturnity without beginning, without end'" (Brinkley 159).
In mehreren Artikeln aus den Jahren 1950 bis 1953 wies *TIME* ausdrücklich auf die Stellung Maos unterhalb der Stalins hin. Am 12. Mai 1952 schrieb das Nachrichtenmagazin: „But though the Peking leader's presence dominated the local scene, huge inscriptions decorating the parade square made it tactfully clear that an even greater leader still lived in Moscow" („China: No. 2 Queen"). Eingeleitet wurde der Artikel mit dem folgenden Satz: „On the reviewing stand in Peking, Chairman Mao Tse-tung reigned supreme as local Queen of the May" („Queen"). Der Vorsitzende der Kommunistischen Partei Chinas, der 1952 immerhin über ein Land mit knapp 570 Millionen Einwohnern herrschte, (Yeung 216) wird durch den zynischen Vergleich mit einer Maikönigin[18] seiner Größe beraubt und diskreditiert. Im Februar 1951 beschrieb das Nachrichtenmagazin Mao als „Stalin's Chinese junior partner" („THE NATIONS: More Words"). Auch der Titel des Artikels, „No. 2 Queen", weist auf die Stellung Maos unterhalb Stalins hin. Die Beziehungen zwischen der Sowjetunion und der Volksrepublik China beschrieb *TIME* wie folgt: „Russia's Joseph Stalin and China's Mao Tse-tung are comrades in arms, diplomacy and aggression in the Far East" („THE NATIONS: Comrades or Competitors?"). Durch die Verbindung der zwei Personen wird hier das Bild einer bedrohlichen Allianz heraufbeschworen. Deren Pläne werden im weiteren Verlauf des Artikels von *TIME* explizit aufgelistet: „On the other hand, the following are hard facts: . . . Red China's and Red Russia's immediate goals in Asia are the same—destruction of non-Communist governments; Russia has given Red China its fullest support in the U.N." („Comrades"). Diese Beziehungen werden laut *TIME* allerdings von der sowjetischen Seite dominiert. So schrieb das Nachrichtenmagazin am 28. Mai 1951 unter Verweis auf das US-amerikanische Außenministerium: „The State Department also proclaimed that China's Communist government is no more than a Kremlin puppet" („THE NATION: In Time of Trouble"). Der entsprechende „Puppenspieler" wird am 9. Oktober 1950 in *TIME* bezeichnet: „Russia had showed herself to the troubled peoples of Asia and to all the Red satellites of Europe as a puppet-master" („This Was the War"). Durch die wiederholte Festlegung der Hierarchie innerhalb des Triumvirates Stalin-Mao-

---

[18] Ein Mädchen, das gewählt wird, um die Festivitäten am Feiertag „May Day" zu eröffnen und zu leiten („Roots of May Day celebration in America").

Kim suggeriert *TIME* dem Leser ein allumfassendes Wissen über interne politische Angelegenheiten der drei kommunistischen Staatsoberhäupter. Daraus ergibt sich schließlich die Lokalisierung des „Staatsfeindes Nr. 1", die in diesem Fall natürlich auf den Kreml verweist. An diesen Ort wird der Leser bei der Lektüre des Nachrichtenmagazins geleitet, dort laufen laut *TIME* die Fäden des Weltkommunismus zusammen.

Das Bild einer raffgierigen Elite findet sich auch in den Beschreibungen in TIME wieder, in denen man sich Mao widmete: „The talks and the communiqué also indicated an apparent disposition on Mr. Truman's part to search for some area of negotiation with Red China, though clearly he was not ready to toss any gifts into Mao's greedy hands" („National Affairs: Agreeing to Disagree").

Kim Il-sung, der ab 1948 das Amt des nordkoreanischen Ministerpräsidenten bekleidete, findet in Artikeln aus den Jahren 1950 bis 1953 des Nachrichtenmagazins *TIME* relativ wenig Erwähnung. Im Artikel „Cast of Characters" vom 17. Juli 1950 nahm *TIME* folgende Charakterisierung vor: „Kim Il Sung, 38, the Korean Mao Tse-Tung (he prefers to be known as 'the Korean Stalin'). Fat, sleepy-eyed Kim is boss of the Korean party, chief of state in North Korea" („Cast of Characters"). Auch an dieser Stelle erfolgt eine Platzierung der besprochenen Person in der Hierarchie, die die drei Staatsoberhäupter Stalin, Mao und Kim umfasst. Die Stellung eines „koreanischen Stalin" erscheint *TIME* dabei nicht angemessen, stattdessen wird Kim an das untere Ende dieser Hierarchie verwiesen. Die Beschreibung Kims als „dick" und „verschlafen" impliziert an dieser Stelle eine gewisse Trägheit. Am 30. Oktober 1950 beschrieb *TIME* im Artikel „War: Substantial Citizens" die Büros des „kommunistischen Premiers" in Pjöngjang. Gegen diese nähme sich Rhees Unterkunft in Seoul wie die Zelle eines Trappisten[19] aus. Kims Büro, dessen luxuriöse Ausstattung recht ausführlich beschrieben wird, wird zudem in Vergleich zu dem Büro Charlie Chaplins in dem Film „Der große Diktator"[20] gesetzt („Citizens"). So wird eine Parallele zum nationalsozialistischen Deutschland und Adolf Hitler gezogen und ein gewisses Maß an Größenwahn suggeriert. Auch die Person Kims ist in *TIME* untrennbar mit der Stalins verbunden, wie das folgende Zitat zeigt: „To enter Kim's personal office you have to

---

[19] Der Orden der Trappisten ist ein sehr asketisch lebender katholischer Orden, der im 17. Jahrhundert gegründet wurde („Trappisten").

[20] Der Film „Der große Diktator" aus dem Jahr 1940 war der Versuch Chaplins, auf satirische Art Adolf Hitler und das nationalsozialistische Deutschland darzustellen. Chaplin übernahm unter anderem die Rolle des Diktators Anton Hynkel, einer stark an die Person Adolf Hitlers angelehnten Figur im fiktiven Staat Tomania (Becker 284).

walk through four successive anterooms past four portraits of Stalin…Rich with gaudy rugs and expensive furniture, it is dominated by an enormous mahogany desk which is flanked on the left by a foot-high plaster bust of Kim, on the right by a bust of Stalin" („Citizens"). Eine weitere Verbindung ist laut *TIME* unterirdisch gegeben: „Across the road from his office was Kim's private air-raid bunker, 70 to 100 feet underground and connected by a tunnel with the residence of his Russian advisers" („Citizens").

5.3 Die Darstellung kommunistischer Soldaten

Bei der Darstellung von Kampfhandlungen und involvierten Soldaten bedient sich *TIME* mitunter deutlich abwertender Bezeichnungen und Beschreibungen des Gegners. So auch am 21. August 1950 in dem Artikel „BATTLE OF KOREA: A Question of Tomatoes". Dort schrieb *TIME*: „On the central front, it seemed as hard to prevent the Reds from crossing the Naktong as to stop rats from boarding a moored ship" („BATTLE OF KOREA: A Question of Tomatoes"). *TIME* stellt hier eine direkte Verbindung zwischen kommunistischen Soldaten und im Allgemeinen als Schädlinge und Krankheitsüberträger betrachteten Ratten her. Eine ähnliche Verbindung erreicht *TIME*, wenn zur Beschreibung kommunistischer Truppenbewegungen Verben wie „to swarm" benutzt werden, die auch Anwendung bei der Beschreibung großer Mengen von Insekten finden: „When the British . . . opened fire, the Chinese swarmed up the hill and forced the British off" („BATTLE OF KOREA: Scorched-Earth Retreat"). Eine vorurteilbehaftete Beschreibung chinesischer Soldaten ist in dem Artikel „ARMED FORCES: The Sunday Punch" zu finden, in dem *TIME* schrieb: „A second sergeant . . . circled with infinite caution toward the top, sniffing like animals for the smell of garlic, the telltale odor of the Chinese soldier" („ARMED FORCES: The Sunday Punch"). Durch verallgemeinernde Unterstellungen wird den Kommunisten eine verwerfliche oder gar nicht vorhandene Moral unterstellt. Dies kommt beispielsweise in folgendem Satz zum Ausdruck: „Anybody but a Communist would have been embarrassed by the Communist invasion of Korea in the middle of Communism's trumpeted 'World Peace Appeal'" („COMMUNISTS: Isn't It Clear?"). Der als Feststellung formulierte Vorwurf der moralischen Unhaltbarkeit wird durch den offenbar als rhetorische Frage formulierten Titel verstärkt.

Durch die Bezeichnung kommunistischer Soldaten, Zivilisten oder ganzer Völker als „Reds"[21] wird ein Bild der Bedrohung geschaffen, das von einer gesichtslosen, mächtigen Masse ausgeht. Durch die Reduzierung dieser Masse auf das Merkmal „rot", das in vielen Kulturen überdies als Warnfarbe fungiert, wird das bedrohliche Bild weiter verstärkt. Auch der Begriff „Communist" wird in diesem Zusammenhang häufig von *TIME* benutzt, oft ohne weiteren Verweis auf die Herkunft. Diese Reduzierung verdichtete sich durch die Verbindung mit einem teilweise latenten Rassismus (Lee 2003: 182) zu einer unheilvollen Mischung.

Auch eine den Kommunisten eigene Grausamkeit findet in *TIME* häufig Erwähnung. Im Artikel „THE ENEMY: Beggars' Island" vom 28. Januar 1952, der sich mit der Lage der Gefangenen in einem UN-Gefangenenlager befasst, schrieb *TIME* beispielsweise:

> They sleep on straw mats, and each man has two blankets. They are fed three times a day – rice, beans, fish, pepper mash, soy sauce. This is a nourishing, 2,800-calorie diet, on which many prisoners have gained weight. . . . In Compound 66, where 2,600 fanatical, hard-core North Korean Communist officers are penned up, there are no political fights. . . . Their enclosure is surrounded by three barbed-wire fences instead of the usual two. („THE ENEMY: Beggars' Island")

Die bloße Erwähnung des mehrfach gesicherten Bereichs der nordkoreanischen Offiziere vermittelt ein vages Angstgefühl. Der dreifache Stacheldraht und die Erwähnung der fehlenden politischen Kämpfe unter den nordkoreanischen Offizieren können nur bedeuten, dass die Gewalt, die von diesen ausgeht, auf Ziele außerhalb ihrer Gruppe gerichtet ist. Diese Annahme findet ihre Bestätigung im selben Artikel bei der Darstellung eines brutalen Überfalls der Nordkoreaner auf einen „Abtrünnigen": „Before the guards could be sent back in at bayonet point and behind a barrage of concussion grenades, the Communists dragged one suspected renegade to the fence, pulled out his tongue, cut it off with thin shears, then beat him to death" („Island"). Diese den Kommunisten zugeschriebene Grausamkeit sowie ein spektakulärer Fluchtversuch erforderten offenbar besondere Sicherheitsmaßnahmen wie den erwähnten dreifach gesicherten Stacheldrahtzaun. *TIME* schafft in diesem Artikel eine Gut-Böse-Dichotomie, mit deren Hilfe die nordko-

---

[21] Die Assoziation der Farbe Rot mit kommunistischen Systemen geht zurück auf Lenin, der diese 1918 zur Staatsfarbe der russischen Sowjetrepublik bestimmte (Hildermeier 232).

reanischen Kommunisten in die Rolle der unmenschlichen Gewalttäter und Mörder gezwängt werden, während die USA und ihre Partner die Rolle des menschlichen Aufsichtspersonals übernehmen. Beim Lesen des Satzes, der sich mit der Ernährung und den Schlafgelegenheiten der Gefangenen befasst, könnte der Leser fast darüber hinwegsehen, dass es sich bei den Gefangenen immer noch um Kriegsgefangene handelt, die in eine ungewisse Zukunft sehen. Den Artikel abschließend wird noch einmal auf den streng hierarchischen Zusammenhalt innerhalb der Gruppe der nordkoreanischen Gefangenen hingewiesen. Dabei werden sie erneut, wie zur Bekräftigung, als „fanatics" tituliert („Island"). Bereits am 17. Juli 1950 hatte *TIME* einen Artikel unter dem Titel „WAR CRIMES: Humanitarian Principles" veröffentlicht, in dem MacArthur zitiert wird, der sich auf die *Genfer Konventionen* beruft: „He promised to treat all North Korean troops and civilians 'in accordance with the humanitarian principles applied by and recognized by civilized nations.' He said he would 'expect similar treatment' for any citizen of a U.N. country 'who may at any time be in North Korean hands'" („WAR CRIMES: Humanitarian Principles"). Der Artikel schließt mit der Schilderung eines Fundes von sieben US-Soldaten, denen man die Hände hinter dem Rücken zusammengebunden hätte und deren Gesichter Schusswunden aufgewiesen hätten. In dem Artikel „BATTLE OF KOREA: Damn Good Job" vom 30. Oktober 1950 gibt *TIME* ein weiteres Beispiel kommunistischer Grausamkeit: „Five years ago the city's Communist rulers had sawed off the head of General Paik's baby" („BATTLE OF KOREA: Damn Good Job"). Die Todesart und die Tatsache, dass das Opfer in diesem Fall ein Baby war, rufen im Leser starke Emotionen hervor. Die Wut über eine solch barbarische Untat wird auf die verantwortlichen (kommunistischen) Täter gerichtet. Am 2. Oktober 1950 schrieb *TIME*: „Mrs. Underwood, who was entertaining some friends at tea, went to the door to see what they wanted. The [Communist] intruders pumped a charge from a sawed-off U.S. carbine into her" („MEN AT WAR: Hedge Goes Home"). Der Artikel „Massacre at Hill 303" vom 28. August 1950 befasst sich mit der Tötung von 41 unbewaffneten, durch nordkoreanische Soldaten gefangen genommenen US-Soldaten. *TIME* ließ in dem Artikel einen 18-jährigen US-Soldaten, der das Massaker überlebt hatte, zu Wort kommen. Der Bericht lässt keinen Zweifel an der Grausamkeit der nordkoreanischen Truppen und erweckt Mitleid mit dem jungen US-Soldaten. Die damalige Schilderung von Kriegsverbrechen ist besonders aus heutiger Sicht interessant. In den Artikeln von 1950 bis 1953 schreibt *TIME* derartig grausame Kriegsverbrechen fast ausschließlich dem kommunistischen Gegner zu. 1999 wurde der Fall des Massakers von No Gun Ri bekannt, als

Reporter von *Associated Press* einen Bericht darüber veröffentlichten. Diesem zufolge sollen in No Gun Ri in Südkorea 200 bis 400 Zivilisten durch US-amerikanische Soldaten getötet worden sein. Die Dokumente, die diesen Fall behandeln, sollen laut Lee von den USA jahrzehntelang unter Verschluss gehalten worden sein. Lee bemerkt: „No Gun Ri was not an isolated incident" und verweist auf Augenzeugenberichte weiterer Vorfälle dieser Art (Lee 2003: 181). Auch der massive Einsatz des Kampfstoffes Napalm findet in den Artikeln in *TIME* Erwähnung („BATTLE OF KOREA: Across the parallel", „BATTLE OF KOREA: Rout"). Die Menge des über Korea abgeworfenen Napalms übertraf dabei sowohl den Einsatz dieses Kampfmittels im Zweiten Weltkrieg als auch im Vietnamkrieg (Cho 71).

6 Die Darstellung der USA und ihrer Verbündeten in *TIME*

6.1 Die Darstellung der USA

Bei der Darstellung der USA und ihrer Verbündeten im koreanischen Konflikt fällt auf, dass das Nachrichtenmagazin der Bezeichnung „Communists" oder „Reds" häufig den Ausdruck „free world" entgegenstellte („POLICIES & PRINCIPALS: Show of Purpose", „War: The Cat in the Kremlin"). Der Ausdruck „free world" bezeichnete die Gruppe derjenigen Länder, die entweder in Konflikt mit der kommunistischen Welt standen oder sich durch ein kommunistisch regiertes Land bedroht fühlten. Durch die Gegensätzlichkeit der Ausdrücke „free world" und „Communist world" wird impliziert, dass es sich bei der kommunistischen Welt um das Gegenteil der „free world" handeln muss, um eine unfreie Welt. Die freie Welt befand sich laut *TIME* in einem beständigen Kampf gegen die kommunistischen Mächte: „The Saigon 'incident' lit up an obscure and most important corner of the free world's struggle against Communism" („POLICIES & PRINCIPALS: Show of Purpose"). Dieser Kampf diente, so *TIME*, der Verhinderung einer Ausbreitung des Kommunismus in der Welt: „At Saigon the Communists came close to forcing a showdown which would reveal, one way or the other, whether the U.S. was deadly serious in its intention to resist the spread of Communism" („Purpose").

An die Spitze der im Kampf gegen die Nordkoreaner (und ferner die angeblich im Hintergrund agierenden Sowjets) geeinten Nationen stellte *TIME* im Juli 1950 die USA und bezeichnete diese als „the Security Council's powerful police arm"

(„THE NATION: Challenge accepted"). In einem weiteren Artikel, ebenfalls aus dem Juli 1950, verstärkte *TIME* das Bild der Einheit, indem das Nachrichtenmagazin gar von Freundschaft sprach: „A moment after Truman had spoken, old friends seemed firmer friends and uncertain friends seemed surer. Britain was first and firmest" („War: Leadership in Action"). Hier suggeriert *TIME* durch den wiederholten Einsatz des Wortes „friends" ein Zusammengehörigkeitsgefühl der „freien Welt" im Kampf gegen den Gegner. Dass *TIME* diese Zusammengehörigkeit aber nicht etwa als Freundschaftsdienst, sondern vielmehr als Pflicht betrachtete, wird in folgendem Satz erkennbar: „Britain . . . immediately put its Far Eastern Fleet in MacArthur's command. Churchill found the right phrase for the action: 'An inescapable duty.'" („Leadership"). Durch die Wertung „right" angesichts Churchills Bemerkung offenbart sich hier eine einfordernde Haltung. Den Artikel abschließend erläuterte *TIME* den Sinneswandel des indischen Ministerpräsidenten Jawaharlal Nehru[22]: „Pandit Nehru came home from a trip to Indonesia, Malaya, Burma. . . . What he had seen in other lands, plus the U.S. action on Korea, changed his mind. . . . He made it clear for the first time that he considered Communism, not colonialism, the great threat to Asia" („Leadership"). Aus diesem Sinneswandel zog *TIME* den folgenden Schluss: „In such decisions as Nehru's lay tangible proof that what the world had been waiting for was U.S. leadership in action – in bold and determined action – against the march of Communism" („Leadership"). Durch diese induktive Schlussfolgerung, bei der von der Einzelperson Nehru auf die Allgemeinheit („the world") geschlossen wird, suggeriert das Nachrichtenmagazin dem Leser eine Gesetzmäßigkeit. Das Ergebnis, das dem Leser zum Schluss des Artikels präsentiert wird, stellt die übrige „freie Welt" in eine Phalanx, deren Speerspitze die USA bildet. Gleichzeitig verwies *TIME* auf den Willen der USA, Frieden zu wahren: „[The USA] does not want to get in trouble with anybody; it just wants brotherhood and peace" („THE NATION: A Face to the World").

Wollte man die Metapher „the Security Council's powerful police arm" („THE NATION: Challenge accepted") weiterführen, so könnte man ohne Zweifel behaupten: Die Hand, in der dieser Arm endete, personifiziert sich in der Berichterstattung über den Koreakrieg in der Gestalt General MacArthurs.

---

[22] Der indische Ministerpräsident äußerte schon vor dem Krieg Ansichten, die sich mit jenen der US-amerikanischen Regierung nicht deckten. Stueck schreibt dazu: „He opposed U.S. action to isolate Taiwan, fearing it might broaden the Korean conflict, and he favored PRC [dt.: Volksrepublik China] admittance to the United Nations. . . . Nehru held a natural suspicion toward the U.S. political system . . ." (Stueck 51).

6.2 Die Darstellung MacArthurs

Die Berichterstattung in den betrachteten Artikeln aus den Jahren 1950 bis 1953, die sich mit der Person des Generals Douglas MacArthur[23] befasst, ist durchweg positiv geprägt. MacArthur wird dem Leser als erfahrener „Kommunisten-Kenner" präsentiert: „The fact that Douglas MacArthur, who has long understood the Communist intentions in Asia, was defending Korea meant that the Reds would not get that country cheaply" („In the Cause of Peace"). Im Juli 1950 berichtete *TIME* von einer Begebenheit, bei der MacArthur „nonchalant" auf offener Straße stehen bleibt, während seine Begleiter beim Anblick nicht identifizierbarer Flugzeuge Schutz im Unterholz suchen („Over the Mountains: Mountains"). Solche unbedeutend erscheinenden, in wenigen Sätzen abgehandelten Anmerkungen dienen ebenfalls dem Zweck, MacArthur als mutigen und Haltung bewahrenden Mann zu charakterisieren. MacArthur, der auch der „amerikanische Cäsar" genannt wurde (Mason 20), konnte bereits vor dem Koreakrieg auf eine überaus erfolgreiche militärische Karriere zurückblicken (Benson 81). Die Verehrung, die ihm in *TIME* zukam, war beinahe grenzenlos. Das Nachrichtenmagazin ließ MacArthurs Bewunderer in dem Artikel „Over the Mountains: Mountains" zu Wort kommen: „Inside the Dai Ichi Building . . . staff officers . . . whispered proudly, 'God, the man is great.' General Almond . . . said straight out, 'He's the greatest man alive.' And reverent Air Force General George E. Stratemeyer put it as strongly as it could be put . . . . : 'He's the greatest man in history.'" („Over the Mountains: Mountains"). Dem Leser wird an diesem Beispiel aufgezeigt, dass die Verehrung MacArthurs durchaus nicht nur von den Autoren des Artikels ausging, sondern weiter verbreitet war. Wie zur Bestätigung beschrieb *TIME* im selben Artikel die Reaktion einiger Soldaten und Flüchtlinge beim Anblick MacArthurs: „Many of the soldiers saluted and cheered as the American convoy passed. Even the refugees stopped and cheered" („Mountains"). Im Oktober 1950, als *TIME* schon voreilig von der „Niederlage Stalins in Korea" sprach, betitelte das Nachrichtenmagazin MacArthur, dieser Annahme folgend, als „victor of Korea" („This Was the War"). Am 29. Januar 1951 erschien in *TIME* ein Artikel, der sich mit einer Äußerung des Kriegsberichterstatters Homer Bigart auseinandersetzte. Dieser hatte angesichts des Vorrückens MacArthurs in Richtung des chinesisch-nordkoreanischen Grenzflusses Yalu am 16. Januar 1951 in dem Magazin *Look*

---

[23] Die Darstellung der Entlassung MacArthurs im Nachrichtenmagazin *TIME* wird im Kapitel „7 Die Darstellung des Kriegsverlaufes in *TIME*" behandelt.

von einer „folgenschweren Fehlleistung" gesprochen und den Rücktritt des Generals gefordert (Edwards „Almanac" 161). *TIME* betitelte den Artikel mit „The Press: Second Front" und zitierte auszugsweise MacArthur, der sich zu dem *Look*-Artikel äußerte. MacArthur sprach von einer „parteiischen" und „fehlerhaften" Berichterstattung und behauptete: „'The identical attack of which you speak was carried in another periodical six weeks ago [the New York Herald Tribune], and was used by the Soviet as a weapon against the United States in the forum of the United Nations and was widely carried in the Soviet press'" („The Press: Second Front"). Das Zitieren von MacArthurs Erwiderung in Verbindung mit dem Titel „The Press: Second Front" offenbart das Selbstverständnis des Nachrichtenmagazins *TIME* zu dieser Zeit. Der Titel ist zwar in der gleichen Weise aufgebaut wie andere Titel aus den Jahren 1950 bis 1953 (beispielsweise „THE ENEMY: Beggars' Island" oder „THE NATIONS: More Words"), trägt hier jedoch auch die Bedeutung „Die Presse ist die zweite Front" in sich. Durch die – über den Umweg der Person MacArthurs – geübte Kritik kommt deutlich zum Ausdruck, dass *TIME* eine derart negative Berichterstattung des Wirkens MacArthurs ablehnte. Diese Ablehnung wiederum würde aber sowohl eine Einschränkung der Pressefreiheit als auch der Freiheit der Rede bedeuten. *TIME* toleriert diese Einschränkung und suggeriert dem Leser, der Krieg sei auch auf US-amerikanischem Boden auszufechten, dort zwar nicht mit Waffengewalt, aber dennoch unter Zuhilfenahme des geschriebenen Wortes.

Bei der Analyse der Artikel aus dem Zeitraum 1950 bis 1953, die die Person MacArthurs behandeln, wird deutlich, dass diese als Gegenpol zur Person Stalins fungiert. Während als Stalins Ziel die „Zerstörung der US-amerikanischen Ordnung" („In the Cause of Peace") dargestellt wird, fungiert MacArthur als die Person, die diesem perfiden Plan mutig entgegentritt. Auch diese Konstellation repräsentiert das Konzept einer Gut-Böse-Dichotomie, mit deren Hilfe *TIME* dem Leser eine allzu einfache Entscheidungshilfe anbot.

6.3 Die Darstellung US-amerikanischer und verbündeter Soldaten

Bei der Berichterstattung über von US-amerikanischen und verbündeten Soldaten ausgeführten Kampfhandlungen bediente sich das Nachrichtenmagazin mitunter einer sehr heroisch klingenden Sprache, die sich überdies durch die Darstellung persönlicher Schicksale gut dazu eignete, beim Leser starke Emotionen hervorzurufen. Als Beispiel soll an dieser Stelle ein Artikel vom 28. August 1950 herangezogen werden, der sich mit den Kämpfen im koreanischen Höhenzug Odong-ni[24] am 17. August 1950 beschäftigt. Als Autor wurde der *TIME*-Korrespondent James Bell angegeben („War: THE BATTLE OF NO NAME RIDGE"). Im Artikel wird durch die achtmalige Benutzung des Wortes „assault" die Selbstverteidigungshaltung der US-Truppen betont. Die äußerst eindringliche Schilderung der Kämpfe wird unter anderem durch den siebenmaligen Gebrauch des Wortes „gun" sowie der weiteren Auflistung von Kampfmitteln wie „artillery", „rockets", „bombs", „fighter planes", „mortars" und „grenades" erreicht („No Name"). In die Schilderung einer solch lebensfeindlichen Umgebung fließt die Darstellung der US-Soldaten ein, für die Bell unter anderem die Bezeichnung „the bravest men I ever saw" findet („No Name"). Auch ein anwesender Geistlicher und südkoreanische Krankenträger werden mit Adjektiven wie „heroic" oder „unflinching" bedacht. Weitere Beispiele für die Charakterisierung US-amerikanischer Soldaten mit positiven Attributen wie Mut oder Durchhaltevermögen sind in den folgenden Bemerkungen zu finden: „The [US] colonel was a hard man to scare" („War: At the Bowling Alley"), „By last week . . . G.I.s were fighting doggedly" („What Next in Asia?").

Augenfällig ist auch die Bemühung, die US-Soldaten als Personen darzustellen, die inmitten eines Aktes der Unmenschlichkeit und Feindseligkeit ihre Menschlichkeit zu wahren wissen. Deutlich wird dies beispielsweise bei folgender Schilderung: „One downy-faced corpsman stroked an old, hard-faced sergeant's head above his ripped face and kept saying, 'You'll be fine, Sarge.'" („War: THE BATTLE OF NO NAME RIDGE"). Ein beinahe väterliches Bild wird bei der Darstellung des befehlshabenden Brigadegenerals geschaffen. Dieser wird als „cold-eyed fighter, but a kind and sensitive man" bezeichnet („No Name"). Über den Brigadegeneral wird weiter berichtet: „Finally he walked to a litter going by and touched a badly wounded boy on the shoulder. 'Nice work, son,' he said very softly. 'Thank you.'" („No Name"). Durch eine derart positiv besetzte Charakterisierung wird in *TIME* ein Gegensatz zu dem angeblich brutalen und unmenschlichen Verhalten der kommunistischen Soldaten geschaffen.

---

[24] Diese Kämpfe wurden auch bekannt als „Schlacht von No Name Ridge" (Issermann 49).

7 Die Darstellung des Kriegsverlaufes

Bei einer Betrachtung der Darstellung des Konfliktes auf der koreanischen Halbinsel muss vergegenwärtigt werden, dass die US-amerikanische Presse, Öffentlichkeit und Regierung unter dem Eindruck verschiedener weltpolitischer Ereignisse standen. Das enorme Unbehagen, das mit der ideologischen Spaltung fast der ganzen Welt in zwei sich feindlich gegenüberstehende Blöcke einherging, hatte tiefgreifende Auswirkungen auf die öffentliche Meinung in den USA. Nach dem ersten Kernwaffeneinsatz am 6. August 1945 waren nur knapp vier Jahre vergangen, als der Sowjetunion am 29. August 1949 die Zündung der ersten eigenen Atombombe gelang. Damit begann zwischen den zwei Blöcken ein Wettrüsten um die atomare Vorherrschaft. Trotz des teilweise noch sorglosen Umgangs mit diesem neuen Mittel der Kriegsführung war man sich, nicht zuletzt aufgrund der schrecklichen Bilder aus Hiroshima und Nagasaki, der außerordentlichen Zerstörungskraft dieser neuen Waffen durchaus bewusst. Die Tatsache, dass die Sowjetunion nun ebenfalls in der Lage war, eine solche Massenvernichtungswaffe zu produzieren, bedeutete das Ende des Atomwaffenmonopols der USA und verringerte den militärischen Vorsprung, den die USA gegenüber der Sowjetunion bis zu diesem Zeitpunkt hatten halten können. Eine entsprechend zunehmende Verunsicherung der US-Bürger war die Folge. Dieser Sachverhalt wird auch in der Berichterstattung in *TIME* deutlich. So schrieb diese beispielsweise am 10. Juli 1950: „The fire in the grass roofs of Korea might spread into atomic war – and it might not. It might, on the other hand, be the beginning of peace" („In the Cause of Peace"). In Bezug auf die Herausbildung zweier deutscher Staaten ab 1949 äußerte *TIME* ebenfalls Bedenken.

> Germany is the most toothsome mouse of all. On paper, there are enough Communists in Eastern Germany to start a Korea-style civil war. The West's experts believe, however, that the West Germans could knock the Marx out of the East Germans. And if Russia had to intervene – well, that would be another invitation for all-out atomic war. („War: The Cat in the Kremlin")

Am 21. August 1950 druckte *TIME* einen Leitfaden für das Verhalten im Falle eines Atombombenangriffes auf die USA ab. Dem Artikel, der sich unter anderem mit den Auswirkungen einer Atombombenexplosion über US-amerikanischen Städten befasste, war Folgendes vorangestellt:

> Behind the low-rolling smoke of battle in Korea looms the most terrifying of all war clouds: the topless mushroom of the atomic bomb. Will the Russians make an atom-bomb attack on the U.S.? If it comes, what is the defense? Is there any defense? („Atomic ABCs")

Neben der Benutzung des negativ konnotierten Verbs „to loom" fällt im ersten Satz des Zitates das zusammengefügte Adjektiv „low-rolling" auf, das auf eine untergeordnete Rolle des Krieges in Korea gegenüber der Gefahr einer Atombombenexplosion schließen lässt. Die bedrohliche Grundstimmung des ersten Absatzes wird schließlich durch den Rest des Artikels, in dem die Auswirkungen einer Atombombenexplosion erläutert werden, verstärkt. Die an den ersten Satz des Zitates anschließende Frage suggeriert trotz der Formulierung als Frage ein Wissen um die Verwicklung der Sowjetunion in den Angriff der nordkoreanischen Armee auf den Süden des Landes[25]. Parallel zu der Möglichkeit eines atomaren Krieges wurde in *TIME* mehrmals die Möglichkeit eines dritten Weltkrieges erwähnt[26].

Obwohl in der modernen Geschichtsschreibung der Ausbruch des Koreakrieges vielfach als „überraschend" für die US-amerikanische Regierung bezeichnet wird[27], schrieb *TIME* am 3. Juli 1950: „Nobody should have been particularly surprised by the 'countermeasures'"[28] („WAR IN AISA: Not Too Late?"). Die schnelle Eroberung fast ganz Südkoreas durch nordkoreanische Truppen bis zum September 1950 wusste *TIME* wie folgt zu erklären: „The slender organization and uneasy morale of the young Korean Republic suffered badly under the first blow" („Late"). Auf die Frage nach der Verantwortung für den nordkoreanischen Überfall auf Südkorea antwortete *TIME* wie folgt: „There could not be doubt that Moscow's guiding hand was present. . . . Moscow was widely believed to have launched the Korean attack as a 'reconaissance in force', as a test of American determination" („Late"). Auch in einem Artikel vom 10. Juli 1950 wird diese Überzeugung geäußert. Dort schrieb *TIME*: „But what if the Kremlin's master-

---

[25] Zu weiteren Theorien zum Ursprung des Koreakrieges siehe Brune 158-60.

[26] Beispielsweise in „In the Cause of Peace", „Winter War", „War: Help Seemed Far Away" oder „The MacArthur Hearing: World War III". Gegenläufige Meinungen sind beispielsweise bei Cotton und Neary 45 verzeichnet.

[27] Edwards „The Korean War" 169, Sandler 227, Hastedt 86

[28] Der Begriff „Gegenmaßnahmen" bezieht sich im Artikel „War in Asia: Not Too Late?" auf die nordkoreanische Propaganda, die das Übertreten des 38. Breitengrades durch nordkoreanische Soldaten als „Gegenmaßnahme" zum Übertreten südkoreanischer Soldaten der Grenze nach Nordkorea darstellten („WAR IN ASIA: Not Too Late?").

minds chose to set other small fires around Communism's vast periphery?" („NATIONAL DEFENSE: For Small Fires"). Dabei ging *TIME* mit der vorherrschenden Meinung in Washington konform (Steininger 53).

TIME warf der US-amerikanischen Regierung Versäumnisse bei deren Asien-Politik vor: „The U.S. had dawdled, temporized, compromised in Asia" („WAR IN ASIA: Not Too Late?"). So zeigt sich *TIME* im darauffolgenden Satz beinahe erleichtert über den Ausbruch des Krieges: „But the Red attack in Korea had at last shocked [the USA] into action – long overdue action, not only on Korea but also on strategically crucial Formosa and the Philippines" („Late"). Am 10. Juli 1950 erschien unter dem Titel „War: Help Seemed Far Away" ein Augenzeugenbericht des *TIME*-Korrespondenten Frank Gibney, der einen Tag vor der Eroberung Seouls durch die nordkoreanische Armee in die südkoreanische Hauptstadt reiste, die bereits durch Rhee evakuiert worden war. Bereits zu diesem Zeitpunkt wurde in *TIME* Kritik an der US-amerikanischen Militärplanung laut. Diese Kritik wurde in den darauffolgenden Monaten und Jahren des Öfteren und teilweise auch in deutlich schärferer Form geäußert. Im Artikel, dessen Titel „War: Help Seemed Far Away" bereits auf die Kritikpunkte hinweist, konnte man lesen:

> Among the quiet Korean soldiers on the field there was no panic. 'We will win. We will win,' they said. They smiled the words with confidence. They meant them. At the same time, they did not disguise their worry. Against planes and tanks they wanted American help – and it then seemed far away. („War: Help Seemed Far Away")

In dem Artikel „Over the Mountains: Mountains" vom 10. Juli 1950 ging *TIME* auf die Reaktion Washingtons auf MacArthurs Ermahnungen, die kommunistische „Bedrohung" Asiens betreffend, ein und sprach eine angeblich trügerische Sicherheit an, in der sich die USA angesichts der kommunistischen Intentionen in Asien gewiegt hätten:

> Against the Communist drive in Asia, the U.S. had for the last five years offered no firm or intelligent opposition. The U.S. had been lulled into a false sense of security by men (some lazy-minded, some worse) who said that Asia's problems were too hard to solve and, anyway, that Asian Communists were not really Communists. . . . The general's views, often and eloquently expressed, were well known in Washington. But for all MacArthur's reputation as a strategist, his pleas–considered po-

litical, and hence beyond his province–were largely ignored.
(„Over the Mountains: Mountains")

Die Kritik in den ersten beiden Sätzen des Zitates bezieht sich unter anderem auf den damaligen US-Außenminister Dean Acheson, der im April 1949 im sogenannten *China White Paper*[29] den Bürgerkrieg in China als „außerhalb US-amerikanischer Kontrolle" bezeichnete (McFarland und Roll 256). Im Januar 1950 sprach Acheson von einer US-amerikanischen Verteidigungslinie, die „Korea . . . außerhalb des für die USA lebenswichtigen Sicherheitsbereiches" (Steininger 42) verortete. Diese Äußerung veranlasste nicht wenige, unter ihnen eventuell auch Stalin, für den Fall eines Überfalles auf Südkorea mit einer Nichteinmischung der USA zu rechnen (Krieger 293). Auch seine Bestrebungen, Mao Zedongs Sieg in China zu akzeptieren, brachten dem Demokraten Acheson, besonders unter Republikanern, große Kritik ein (Steel 465). Die Sorge um eine Ausbreitung des Kommunismus wird in *TIME* vielfach zum Ausdruck gebracht. Diese Sorge war hauptsächlich vom „Verlust" Chinas[30] geprägt (Steininger 43). Nachdem China an die Kommunisten unter Mao Zedong gefallen war, musste die vorherige republikanische Regierung unter Chiang Kai-shek nach Taiwan fliehen. Dort proklamierte Chiang Kai-shek am 1. März 1950 die „Republik China auf Taiwan" („Taiwan Microsoft Encarta"). Damit existierten faktisch zwei chinesische Staaten. Die Vereinten Nationen erkannten allerdings nur die Exilregierung in Taiwan als rechtmäßige Vertretung Chinas an. *TIME* warnte unter Nennung eventueller Folgen eindringlich davor, Maos Volksrepublik einen Sitz im Sicherheitsrat der Vereinten Nationen zu gewähren: „That would be tantamount to handing Asia over to Communism" („War: The Cat in the Kremlin")[31]. Die Anerkennung der Exilregierung unter Chiang Kai-shek durch die Vereinten Nationen wurde in *TIME* am 24. Juli 1950 in dem Artikel „How to Lose the War" behandelt.

---

[29] „1949 . . . veröffentlichte das State Department ein Weißbuch zu China [dessen ursprünglicher Titel *United States Relations with China, with Special Reference to the Period 1944-1949* lautete]. Die Entwicklung der chinesisch-amerikanischen Beziehungen seit 1944 wurde dargelegt, und besonders in der Einleitung machte das State Department deutlich, daß die USA keine Möglichkeit sahen, sich mit den Kommunisten zu arrangieren" (Wala 183).

[30] Henry Luce war eines der bekanntesten Mitglieder der *China Lobby*. Diese hatte sich 1945 mit dem Ziel gebildet, politischen Druck zum Vorteil des nationalistischen Regimes unter Tschiang Kai-shek auszuüben (Toropov 32).

[31] Diese Einschätzung nimmt teilweise schon die 1954 von US-Präsident Eisenhower verkündete Domino-Theorie vorweg, nach der sich der Kommunismus weiter ausbreiten würde, sobald auch nur ein einziges Land von Kommunisten regiert werden sollte.

Hier propagierte *TIME* eine strikte Unnachgiebigkeit gegenüber kommunistischen Staaten:

> From the first, there has been suspicion that the Kremlin's motive in starting the Korean war was to bring about a "general settlement" in Asia, especially including the recognition of Communist China. If Stalin gets what Nehru wants to give him, the Kremlin will have won a far bigger price than South Korea. („How to Lose the War")

Der indische Ministerpräsident Jawaharlal Nehru hatte versucht, die Krise zwischen der Sowjetunion und den USA zu entschärfen, indem er in Briefen an die Staatsoberhäupter der beiden Blöcke eine Aufnahme des kommunistischen Chinas in den UN-Sicherheitsrat sowie die Rückkehr des sowjetischen Vertreters Jakow Malik an den Verhandlungstisch vorschlug. „Moskau boykottierte den Sicherheitsrat seit Monaten, um so die Aufnahme Rotchinas in die UNO zu erzwingen" (Steininger 45). Die Kritik an Nehru wiederholt sich einen Monat später, am 24. August 1950, in *TIME*. In dem Artikel „A Matter of Understanding" unterstellte *TIME* Nehru, der später zu einem der Wegbereiter der *Bewegung der Blockfreien Staaten*[32] werden sollte, schlicht Unwissenheit über den Kommunismus. In dem Artikel „MEN AT WAR: The Ugly War" vom 21. August 1950 schrieb der *TIME*-Korrespondent John Osborne: „For our men in Korea are waging this war as they are forced to wage it and as they will be forced to wage any war against the Communists anywhere in Asia" („MEN AT WAR: The Ugly War"). In diesem Satz stellt *TIME* eine Gesetzmäßigkeit auf, die besagt, dass jegliches Handeln der Kommunisten in Asien die USA zu einer Reaktion „zwinge". An dieser Stelle wird die Einschätzung des Autors zur Politik der Eindämmung, mit der die USA seit 1947 kommunistischen Ausbreitungsbestrebungen entgegenzutreten versuchten, deutlich.

Dem Eintritt der USA in den Konflikt auf der koreanischen Halbinsel war keine offizielle Kriegserklärung vorausgegangen. Es handelte sich vielmehr um ein Eingreifen, das durch den Sicherheitsrat der Vereinten Nationen legitimiert worden war. Als US-Präsident Truman am 29. Juni 1950 in einem Interview gefragt wurde, ob man das Eingreifen der USA und ihrer Verbündeten als „police action" bezeichnen könne, stimmte er diesem Ausdruck uneingeschränkt zu. Zuvor hatte er im selben Interview betont, die USA „befänden sich nicht im Krieg"

---

[32] Siehe hierzu: „The Non-Aligned Movement (NAM)"

(McCullough 936). Auch *TIME* greift den Begriff „police action" auf. In dem Artikel „ARMED FORCES: Where do we go from here?" vom 24. Juli 1950 schreibt das Nachrichtenmagazin:

> [The Generals] Collins and Vandenberg landed in Washington with this word for reporters: „Our troops are doing damn well and everything will come out all right." This was everyone's great hope. But in the third week of the „police action" in Korea, with the policeman still being roughed up by the thugs he had gone to arrest, the details of just how the military expected to bring such hopes to realization were far from clear. („ARMED FORCES: Where do we go from here?")

Hier wird sehr deutlich, dass *TIME* die Bemühungen der Kriegsvorbereitungen der USA als zu gering erachtete. Entsprechend anklagend fällt die weitere Wortwahl aus:

> Aside from the obvious fact that they were outnumbered, why were U.S. troops being pushed around in Korea? Why weren't there more troops? Why, after spending $50 billions in four years, was the U.S. so badly prepared? Why was the machine so inadequate? And now, how long would „this thing" last? What would it take to win whatever needed to be won–how much money, how many tanks, how many planes, how many men? („Forces")

Die ironische Formulierung „this thing" bezieht sich auf Trumans Bemerkung, der Konflikt auf der koreanischen Halbinsel könne als „police action" bezeichnet werden und ist als Kritik an dieser Formulierung zu sehen. Im Januar 1951 wurde das Thema erneut in *TIME* aufgegriffen. Das Nachrichtenmagazin schrieb: „Nations have lost wars for many and strange reasons. The U.S., if its leaders did not wake up, might be the first to lose a war because it did not know it was in one" („STRATEGY: Police Action or War?"). Der Gebrauch dieses Ausdrucks zur euphemistischen Umschreibung des Koreakrieges stieß in Teilen der US-amerikanischen Bevölkerung, aber auch unter in Korea stationierten Soldaten auf Ablehnung (Pearlman 65-6). In dem Artikel „ARMED FORCES: Where do we go from here?" verwies *TIME* ferner auf ein Argument, in dem zum Ausdruck gebracht worden war, dass der Krieg in Korea möglicherweise nur der Anfang eines umfassenden Krieges der Sowjetunion gegen die westlichen Demokratien sei und dass das einzig adäquate Gegenmittel eine US-amerikanische Generalmobilmachung sei. *TIME* schrieb dazu: „There was some justification for such reasoning" („ARMED FORCES: Where do we go from here?") und entwarf das Bild einer zu schwachen US-amerikanischen Verteidigung im Falle eines Eingreifens Chinas in den Koreakrieg.

Am 19. Juli 1950 hielt Präsident Truman eine Rede zur Lage in Korea, die im Hörfunk und Fernsehen in das ganze Land übertragen wurde. *TIME* bescheinigte dieser Rede zwar eine gewisse Sorgfalt, beklagte jedoch einen „Mangel an angemessener Inspiration" („THE PRESIDENCY: The Fabric of Peace"). Das Nachrichtenmagazin schrieb:

> The President's speech was carefully detailed, carefully delivered – but without the inspiration that the occasion called for. It was a plan for defense, and a competent one, but it was no compelling call to arms. It was deliberately a low-keyed speech – with none of the ringing phrases of a Churchillian or Rooseveltian performance. („Fabric")

Die von *TIME* erwähnte Zurückhaltung wird im darauffolgenden Absatz des Artikels anhand einzelner Formulierungen Trumans erläutert: „No longer did the President speak of 'police action' in Korea, but nowhere in his speech did he call it war. (Of course, technically it wasn't, since Congress has not declared war.) When he referred to Russia he did not mention its name, but spoke of 'the international communist movement'" („Fabric"). Truman äußerte in seiner Rede durchaus Kritik an der Haltung der Sowjetunion, die innerkoreanischen Auseinandersetzungen betreffend: „The Soviet Government has said many times that it wants peace in the world, but its attitude toward this act of aggression against the Republic of Korea is in direct contradiction of its statements" („Radio and Television Address on the Situation in Korea"). Diese aber wurde von *TIME* als unzulänglich erachtet, das Nachrichtenmagazin kritisierte, dass Truman den Namen des „wahren Feindes", der Sowjetunion, nicht erwähnt und stattdessen von einer „internationalen kommunistischen Bewegung" gesprochen habe („Fabric"). Eine Untersuchung des Weißen Hauses zu Reaktionen der Presse auf Trumans Rede spricht dagegen von einer positiven Berichterstattung der großen Mehrheit der wichtigen US-amerikanischen Zeitungen (Mitchell 66).

Am 21. August 1950 beklagte das Nachrichtenmagazin, „allzu viele" politische Entscheidungsträger seien durch „eine Art intellektuellen Defätismus gelähmt" und nicht in der Lage „die eigene potenzielle Stärke zu erkennen" („What Next in

Asia?"). Um hierzu einen Ausgleich zu erlangen, gab sich *TIME*, die Motivation Chinas, in den Konflikt einzugreifen betreffend, zu Ende des Artikels betont optimistisch:

> It was true that the U.S. must guard against taking on more than it can handle; but it was time for the U.S. to stop being overly scared of Mao Tse-tung. The U.S. had good reason for not wanting to tangle with Red China; but Red China, faced with huge economic problems and internal dissension, had equally good reason for not wanting to tangle with the U.S. („Next")

An diesem Beispiel wird deutlich, dass sich das Nachrichtenmagazin gegen Defätismus ausspricht. Die Behauptung im zweiten Satz des Artikels soll als stützende Argumentation und Mut machende Bestätigung für den Aufruf dienen, vor Mao keine Angst zu haben. Die Behauptung, China hätte ebenso viel Grund, die USA zu fürchten wie es umgekehrt der Fall sei, wird ohne weitere Untermauerung durch Fakten oder Zahlen als feststehende Tatsache präsentiert. Den Artikel abschließend, schrieb *TIME*:

> What the U.S. faces, after Korea, is nothing more nor less than the assumption of responsibility for order and progress in Asia. History has placed that responsibility squarely on American shoulders; the American people, by their determined support of U.S. action in Korea, have shown that they are ready for that responsibility – readier than their leaders. („Next")

In der Formulierung „the American people" kommt deutlich zum Ausdruck, dass *TIME* zu jener Zeit vorgab, für das gesamte US-amerikanische Volk zu sprechen. So wurde suggeriert, hier werde mit der „Stimme des Volkes" gesprochen. Die von der *Gallup Organization*[33] für den Monat August 1950 vorgelegten Zahlen lassen dagegen auf eine deutlich weniger einheitliche Meinung im US-amerikanischen Volk schließen. Auf die Frage, ob die Entscheidung, Südkorea zu verteidigen, ein Fehler gewesen sei, antworteten nur 65 % ablehnend, während 20 % der Befragten der Aussage zustimmten („The Gallup Brain: Americans and

---

[33] Die Gallup Organization gehört zu den führenden Markt- und Meinungsforschungsinstituten der USA und geht auf Befragungen zur öffentlichen Meinung in den USA zurück, die von George Gallup seit 1935 durchgeführt wurden. Dieser gründete 1938 die Audience Research Incorporated (ARI), aus der 1950 schließlich die Gallup Organization hervorging (Stempel und Gifford 1999).

the Korean War"). *TIME* versuchte also, ein Gefühl der Zusammengehörigkeit und Übereinstimmung zu suggerieren, das in dieser Form zu jener Zeit nicht bestand. Die den Artikel abschließende Bemerkung, das US-amerikanische Volk sei „bereiter als seine Führung" („What Next in Asia?") appelliert an das Selbstbewusstsein des Lesers und suggeriert diesem, hochrangigen politischen Entscheidungsträgern um einen Schritt voraus zu sein.

Ein deutlich optimistischer Tonfall ist auch in einem Artikel vom 21. August 1950 erkennbar, in dem sich *TIME* bemühte, Argumente für ein Eingreifen der USA und ihrer Verbündeten in die Auseinandersetzung auf der Halbinsel anzuführen. Der Artikel beginnt mit dem Satz „The peaceful look of U.S. cities, the countryside and the beaches contrasted oddly with the ferocity of battle in Korea" („THE NATION: I'll Tell You Why") und endet wie folgt: „But he got a sounder answer from a veteran of the Battle of the Bulge. 'I'll tell you what I'm fighting for,' he said. 'I'm fighting for my life.' So was the U.S.; so was the free world" („Why"). Der einleitende Satz des Artikels erfüllt hier in mehrfacher Hinsicht einen Zweck. Zum einen wird dem Leser versichert, dass er sich glücklich schätzen kann, in einem derart friedlichen Land zu leben. Zum anderen dient die Beschreibung dazu, dem Leser zu verdeutlichen, welche Besitztümer und Werte es zu verteidigen gilt. Durch die abschließende Behauptung, die „USA und die freie Welt kämpften um ihr Leben" wird das Bild eines drohenden Verlustes, den es zu verhindern gilt, hervorgerufen („Why"). Dieses Bild wird um eine weitere, essenzielle Komponente erweitert – die der Angst vor dem Verlust des Lebens. Auf diese Art wird die Furcht vor kommunistischer Infiltration in einer Weise erweitert, die eine Urangst des menschlichen Daseins betrifft.

Im selben Artikel widmete sich *TIME* dem Vorwurf des „US-amerikanischen Imperialismus", den der „plappernde" sowjetische Außenminister Jakow Malik, der gleichzeitig die Sowjetunion bei den Vereinten Nationen vertrat, vorgebracht hatte („Why"). Das Nachrichtenmagazin druckte die „höhnische" Entgegnung des britischen UN-Botschafters Gladwyn Jebb („Why"):

> Are we really to believe that the boys from Iowa or Colorado who are now sitting in foxholes near Chin-ju . . . are out, like Genghis Khan, to enslave the world? Show me any one of these U.S. soldiers, Mr. President[34], who would rather reign in Outer Mongolia than go back to Seattle, and I will gladly concede your

---

[34] Jakow Alexandrowitsch Malik bekleidete zu jener Zeit das Amt des Präsidenten des UN-Sicherheitsrates.

point about 'imperialist America.' Until then, no! („Why")

Das Bild des „plappernden" sowjetischen Außenministers suggeriert dem Leser, dem Vorwurf des US-amerikanischen „Imperialismus" mangele es an Substanz („Why"). Das von Jebb vorgebrachte Argument zeigt deutliche Schwächen. So wäre es hier beispielsweise durchaus möglich, auf derselben Basis und unter Verweis auf einen durchschnittlichen sowjetischen oder chinesischen Soldaten zum Vorteil Chinas oder der Sowjetunion zu argumentieren. Das Bild eines „höhnisch" entgegnenden Jebb hingegen wertet dessen Gesprächspartner – in diesem Fall Malik – herab und degradiert dessen vorangegangene Bemerkung zu einer substanzlosen oder gar dummen Aussage („Why").

Nachdem die Landung der US-amerikanischen Verbände und ihrer Verbündeten am 15. September 1950 unter der Leitung MacArthurs an den Stränden Incheons und Wolmi-Dos geglückt war und bereits zwei Wochen später die Rückeroberung Seouls vermeldet werden konnte, standen die Verantwortlichen in Washington vor der Frage, ob man sich damit begnügen solle, die nordkoreanischen Soldaten über den 38. Breitengrad nordwärts zu „scheuchen" („Everybody Bowed") oder ob die UN-Streitkräfte diesen überschreiten sollten (Schwartz 47). Obwohl Trumans ursprüngliches Ziel gewesen war, den Status quo ante bellum auf der koreanischen Halbinsel wieder herzustellen, ließ er sich davon überzeugen, den Krieg auszuweiten. Um diese Ausweitung zu rechtfertigen, wurden verschiedene Argumente vorgebracht. Auch *TIME* widmete sich der Argumentation und rief zu diesem Zweck am 9. Oktober 1950 ein historisches Ereignis aus dem amerikanischen Bürgerkrieg ins Gedächtnis („Everybody Bowed"). Vom 1. bis zum 3. Juli 1863 war es bei der Schlacht von Gettysburg in Pennsylvania zu blutigen Kämpfen zwischen der Nord-Virginia-Armee unter General Robert E. Lee und der auf der Seite der Nordstaaten unter General George G. Meade kämpfenden Potomac-Armee gekommen. Den Sieg in dieser Schlacht hatte die Potomac-Armee errungen. Zwei Tage später hatte General Meade die geschlagene Nord-Virginia-Armee allerdings, ohne einen Versuch zu unternehmen, sie zu verfolgen und zu vernichten, unbehelligt ziehen lassen, was ihm später umfangreiche Kritik eingebracht hatte. Präsident Lincoln war im Glauben gewesen, eine Vernichtung der Nord-Virginia-Armee hätte den Krieg beenden können (Jones 2006: 291). Solche Verweise auf historische Ereignisse finden sich in *TIME* auch an anderer Stelle. So erfolgte beispielsweise am 8. Januar 1951 ein Verweis auf den japanischen Angriff auf den Stützpunkt Pearl Harbor, der am 7. Dezember 1941 stattgefunden hatte („Strategy: Police Action or War?"). Ein weiteres Beispiel findet sich in einem *TIME*-Artikel vom 13. November 1950. Dort wurde auf die *Schlacht am Little Big Horn* verwiesen, die am 25. Juli 1876 stattfand und bei der das 7. Kavallerieregiment unter General George Armstrong Custer von einer aus verschiedenen Indianerstämmen bestehenden Armee unter der Führung von Crazy Horse, dem Anführer der Oglala und Sitting Bull, dem Anführer der Hunkpapa-Lakota-Sioux, vernichtend geschlagen wurde (Elliott 23). Indem *TIME* Parallelen zwischen aktuellen Ereignissen und historischen Begebenheiten erkannte, zog das Nachrichtenmagazin Schlussfolgerungen aus den damaligen Ereignissen und übertrug diese auf die aktuelle Situation. Dass in den Jahren 1863 und 1941 völlig verschiedenartige Umstände vorherrschten, blieb in der Argumentation des Nachrichtenmagazins unerwähnt. *TIME* ließ im Artikel auch einen Gegner der weiteren Ausbreitung des Krieges zu Wort kommen. Die Argumente des indischen Premierministers Nehru wurden im Nachrichtenmagazin abgedruckt und kommentiert: „Nehru's avowed reasons for opposing the crossing: fear that invasion of North Korea would bring Communist China, possibly even Russia, into the war; the prospect that by following North Korean aggressors across the parallel the U.N. forces might themselves become guilty of aggression" („Everybody Bowed"). Den „wahren" Grund für Nehrus Ablehnung eines alliierten Eindringens in den nordkoreanischen Raum sah *TIME* allerdings in dessen abschließender Bemerkung verborgen; „Nehru revealed another, less far-fetched motive when he snapped, 'I am no great admirer of [South Korean] President Rhee anyhow.'" („Bowed"). Hier wird deutlich, wie wenig Glauben *TIME* der Möglichkeit schenkte, dass China oder die Sowjetunion in die Auseinandersetzung eingreifen würden. *TIME* verändert den Stellenwert von Nehrus Argumenten, indem das Nachrichtenmagazin dessen persönlicher Antipathie Rhee gegenüber eine größere Bedeutung beimisst als den militärischen Bedenken des indischen Premierministers. Dem Leser wird dadurch suggeriert, die Möglichkeit eines chinesischen oder sowjetischen Eingreifens sei so gering, dass selbst Nehrus Abneigung Rhee gegenüber als wahrscheinlicherer Grund für dessen Einspruch erachtet werden könne als die Bedenken, ein Überschreiten des 38. Breitengrades nordwärts könne eine weitere Ausbreitung des Krieges verursachen. Im selben Artikel zitierte *TIME* weitere Gründe, die für ein Überschreiten sprechen sollten. Diese seien von den „USA und ihren Verbündeten" angeführt worden, schrieb das Nachrichtenmagazin. Einer dieser Gründe lautete wie folgt: „If Russia or China intended to intervene in Korea, they should have done so earlier when they could have pushed U.N. forces into the sea" („Bowed"). Die *CIA*, der zentrale Nachrichtendienst der USA, hatte Präsident Truman im Verlauf des Oktobers 1950 eine Reihe von Berichten vorgelegt, die sich mit der Wahrscheinlichkeit eines Eingreifens der Volksrepublik China befassten. Der Nachrichtendienst war trotz des Aufmarsches von „400.000 chinesischen Soldaten" an der nordkoreanisch-chinesischen Grenze zu dem Schluss gekommen, dass die Volksrepublik China den „idealen Zeitpunkt hätte verstreichen" lassen (Lee 2003: 145). Ein weiteres Argument lautete: „Communist Premier Chou En-lai's threat that China 'will not stand aside should the imperialists want only invade' North Korea was only propaganda" („Everybody Bowed"). Die *CIA* schrieb am 28. Oktober 1950 unter Berufung auf eine Quelle in Hongkong: „The Chinese Communists and the USSR regard the Korean War as virtually ended and are not planning a counter offensive" (Lee 2003: 154). Der Protest des chinesischen Premierministers Zhou Enlai war erst einige Wochen zuvor, am 30. September sowie am 1. und am 3. Oktober, in öffentlichen Reden vorgebracht worden (Coletta 251-2). Nachdem am 1. Oktober 1950 südkoreanische und am 7. Oktober alliierte Truppen den 38. Breitengrad überschritten hatten, konnte am 18. Oktober die Eroberung Pjöngjangs bekannt gegeben werden (Edwards „Almanac" 110-19). Zwölf Tage später sah *TIME* – ganz im Sinne der Überzeugung der CIA, China werde nicht mehr in den Krieg eingreifen – die Auseinandersetzungen auf der koreanischen Halbinsel als beendet an. Das Nachrichtenmagazin schrieb am 30. Oktober 1950: „Now that the war was ending, the U.N. liberators of Korea faced two big problems—economic reconstruction and political reconstruction" („War: Reconstruction"). Umso erstaunter gab man sich bei *TIME* am 6. November 1950, nachdem südkoreanische Offiziere „verstörende Nachrichten" zu vermelden hatten: „From interrogation of a handful of Chinese prisoners, Yu concluded that 40,000 men of the Chinese Communist XL Army Corps had crossed from Manchuria into North Korea" („War: Late Entry"). Am 13. November 1950, nachdem alliierte Truppen von ihren Positionen nahe der Grenze zur Mandschurei zurückgedrängt worden waren, stellte *TIME* die besorgte Frage „How had a seemingly sure victory been snatched from the U.N.'s grasp?" („Winter War") und entwarf ein düsteres Szenario, das sich später als wahr herausstellen sollte:

> If they sent large forces, a full-scale war between China and the U.N. army might result. If the estimated 300,000 Chinese troops now in Manchuria crossed the Yalu into Korea, outnumbered U.N. forces might well be driven back below the 38th parallel. („Winter")

Den Artikel abschließend, konfrontierte *TIME* die Leser erneut mit der schlimmsten aller Befürchtungen:

> But if Communist troops and aircraft continued to cross the border, sooner or later there would be no choice for the U.N. command except to blow up the Yalu River dams and bridges, to bomb airfields and troop concentrations in Manchuria. In such a choice, the threat would be a new and greater war, perhaps a World War. („Winter")

Auch hier zeigt sich, dass man bei *TIME* längst dazu übergegangen war, die koreanische Halbinsel als zur westlichen Einflusssphäre gehörend zu betrachten. Der vorstehende Absatz impliziert eine Widerrechtlichkeit, deren moralische Verankerung fragwürdig erscheint. Hier offenbart sich ein Dilemma des Koreakrieges, in dem beide Seiten Anspruch sowohl auf das eigene als auch auf das vom Gegner besetzte Gebiet erhoben. Des Weiteren wird im vorstehenden Absatz eine Gesetzmäßigkeit suggeriert, die den Leser glauben lassen sollte, dass jede weitere Ausbreitung des Krieges ausschließlich in den Händen der Kommunisten, in diesem Fall der Chinesen, liege. Dies kommt einer Übertragung der Verantwortung auf den Gegner gleich, was angesichts der damaligen enormen Bemühungen der USA, einem sich ausbreitenden Kommunismus Einhalt zu gebieten, widersprüchlich erscheint. Weiterhin lässt sich mit dem Verweis, die Aktionen der USA stellten lediglich eine erzwungene Reaktion auf das Handeln des Gegners dar, eine Verschiebung der Schuldfrage erreichen, die in diesem Fall den USA und ihren Verbündeten zum Vorteil gereichte.

Am 27. November 1950 druckte *TIME* einen mit knapp 4.000 Wörtern vergleichsweise langen Artikel ab, der sich der Frage nach dem wirtschaftlichen und militärischen Potenzial der Sowjetunion widmete. Dieser Artikel wurde mit dem Satz „The unavoidable and awesome fact confronting the world today is that before the decade or even the year is out, the U.S. and Russia may be at war" („Background for War: How Strong is Russia?") eingeleitet. Die Einleitung des Satzes mittels der Adjektive „unavoidable" und „awesome" suggeriert eine Unumstößlichkeit, der sich der Leser zu stellen hat. Diese wird allerdings im weiteren Verlauf des Satzes relativiert, indem das Modalverb „may" benutzt wird. An dieser Stelle wird deutlich, wie sehr sich die Autoren bei *TIME* suggestiver Formulierungen bedienten, um bei den Lesern bestimmte Denkmuster zu etablieren. Die Adjektive „unavoidable" und „awesome", die am Satzanfang stehen, wirken derart stark, dass die eher unsicher wirkende Formulierung „may be at war" an

Aussagekraft einbüßt. Dies wird im weiteren Verlauf des Artikels verstärkt durch eine Analyse der wirtschaftlichen Stärke und des militärischen Potenzials der Sowjetunion. *TIME* gibt im zweiten Absatz zwar an „The other, and decisive, components of Russian power are far less obvious, i.e., the size and quality of its armed forces and its industrial potential" („Strong"), behauptet im darauffolgenden Absatz allerdings: „Independent scholars as well as U.S. Government economists and intelligence analysts have laboriously constructed a picture of Russia's present strength" („Strong"). Am Ende des Artikels wird das bedrohliche Bild einer sowjetischen Weltherrschaft gezeichnet, das durch „zwei Kriege oder zwei Phasen innerhalb eines Krieges" Wirklichkeit werden könne („Strong"). Die erste Phase beinhaltet laut *TIME* den Einsatz einer Atombombe, während die zweite Phase eine Kontrolle Westeuropas durch die Sowjetunion betrifft. Den Artikel abschließend, bemerkte das Nachrichtenmagazin warnend: „The present Russian strength makes Red victory in the first phase a distinct possibility. Russian victory in the first phase would make victory in the second phase a heavy probability" („Strong"). Hier wird erneut – vergleichbar mir der Aussage im Einleitungssatz des Artikels – eine Fundiertheit der Berichterstattung suggeriert, die nicht gegeben ist. Dies geschieht durch die Verknüpfung des Nomens „probability", das lediglich auf eine Wahrscheinlichkeit hinweist, mit dem Adjektiv „distinct", mit dem eher begründete und untermauerte Argumente assoziiert werden. Der vorstehende Artikel lässt sich im Nachhinein wie ein Vorgriff auf die Ereignisse der folgenden Tage lesen. Am 28. November 1950 stimmte Großbritannien gegen die Anfrage MacArthurs bei den Vereinten Nationen, die Mandschurei zu bombardieren (Edwards „Almanac" 139). Zwei Tage später erklärte Präsident Truman, dass Überlegungen über den Einsatz einer Atombombe schon seit Beginn der Auseinandersetzungen bestanden hätten. Diese Aussage provozierte heftige Reaktionen in großen Teilen der Welt. Pearlman schreibt: „It upset his NATO allies more than anything yet said or done about Chiang Kai-shek, MacArthur, and Taiwan" (Pearlman 136). Ebenfalls in der *TIME*-Ausgabe vom 27. November 1950 zeigte sich das Nachrichtenmagazin besorgt über den US-amerikanischen Ruf in der Weltgemeinschaft:

> This was the official face which the U.S. in various statements from its leaders turned to the world last week: The U.S. is living in fear of war. It is in a jam in Korea, and unable right now to defend Europe. In one breath it begs its enemies to hold their fire; in another breath it confesses its own weaknesses. It does not want to get in trouble with anybody; it just wants brother-

hood and peace. („THE NATION: A Face to the World")

Präsident Truman hatte am 16. November erklärt, nicht in einen direkten Krieg mit China verwickelt werden zu wollen (Edwards „Almanac" 134). *TIME* legte diese Erklärung als Anzeichen für Schwäche aus, die dem Gegner in die Hände spielen würde und lieferte im darauffolgenden Absatz eine eigene Erklärung: „Behind the statements was the exquisite and unconcealed anxiety of U.S. leaders over the world crisis, their dread of a winter campaign in Korea, their ignorance of Communist China's reason for plunging into Korea, their bafflement over what Mao Tse-tung would do next" („Face"). In diesem Satz zeichnet *TIME* das durchweg negative Bild einer überforderten US-amerikanischen Regierung und suggeriert zugleich, selbst genau zu wissen, was zu tun sei. Dies wird erreicht durch die Charakterisierung der Regierungsverantwortlichen mittels Häufung negativ besetzter Substantive wie „anxiety", „dread", „ignorance" und „bafflement". Durch diese Wertung ergibt sich der Anschein, die Autoren des Artikels besäßen – im Gegensatz zu den verantwortlichen Politikern – das notwendige Wissen, um die Lage korrekt einschätzen zu können. Dies deckt sich mit Magnus' Beobachtung: „Der Ton ist unbedingt, selbstbewußt, läßt keinen Zweifel zu an dem Gesagten und vermittelt den Eindruck einer allwissenden Selbstverständlichkeit" (Magnus 76). Erneut wurde ein mahnender Vergleich zum Zweiten Weltkrieg gezogen: „It was a situation that invited the kind of reckless enemy misinterpretations which had made war look attractive to Hitler" („The Nation: A Face to the World"). Den Artikel abschließend wird noch einmal das der Weltöffentlichkeit präsentierte US-amerikanische Bild kommentiert: „Chiefly it was the face of fear and anxiety which last week the U.S. presented to the world" („Face").

Vom 26. November bis zum 13. Dezember 1950 waren UN-Truppen sowie chinesische Soldaten in die für beide Seiten gleichermaßen verlustreiche *Schlacht um das Chosin-Reservoir* verwickelt (Rice 103-8). Am 3. Dezember 1950 ordnete General MacArthur einen Rückzug aller UN-Truppen zum 38. Breitengrad an (Benson 142). *TIME* titelte daraufhin am 11. Dezember 1950: „THE NATION: Defeat" und schilderte in äußerst drastischen Worten die Lage in Korea: „The U.S. and its allies stood at the abyss of disaster. The Chinese Communists, pouring across the Manchurian border in vast formations, had smashed the U.N. army" („THE NATION: Defeat"). Für den Fall weiterer Niederlagen der USA und ihrer Verbündeten wagte das Nachrichtenmagazin die für die Mehrheit der US-Amerikaner sicherlich beängstigende Vorhersage: „If this defeat were allowed to stand, it would mean the loss of Asia to Communism" („Defeat"). Für den Fall, dass sich eine derartige Vorstellung bewahrheiten sollte, sah das Nachrichtenmagazin auch Europa betroffen: „And no European would be able to believe, with any firmness, that the U.S. was the bulwark against Communism that it professed to be before the disaster in Korea" („Defeat"). Das Nachrichtenmagazin nennt die Möglichkeit eines Waffenstillstandes oder Übereinkommens mit dem Gegner: „And the only way the statesmen could save them would be through a plea for an armistice, or acceptance of a deal with the Communists" („Defeat"). Diese Möglichkeiten schienen den Autoren des Artikels jedoch nicht erstrebenswert zu sein, erfährt der Leser doch im darauffolgenden Satz, welche Folgen die Umsetzung solcher Ideen nach sich ziehen würde: „By any such deal, Communism would emerge triumphant" („Defeat"). *TIME* spricht von einer weiteren Alternative: „The alternative was war – that is, a recognition of the terrible fact that the U.S. and Communist China were already in a state of war" („Defeat"). Daraus, so *TIME*, ergäbe sich allerdings unausweichlich folgende Konsequenz: „That would mean, inescapably, a campaign against the mainland of China by sea and air" („Defeat"). *TIME* suggeriert an dieser Stelle durch den Gebrauch des Adverbs „inescapably" erneut eine Gesetzmäßigkeit, die dem Leser stark vereinfacht und unreflektiert dargeboten wird. Dem Leser wird eine zwingende Verbindung zwischen der bloßen Erkenntnis des Kriegszustandes und dem ausgedehnten Krieg gegen den chinesischen Gegner präsentiert, die angesichts einer derart komplexen Situation wie der auf der koreanischen Halbinsel allzu einfach erscheint und darüber hinaus im Artikel nicht einmal näher erläutert oder begründet wird. Der darauffolgende Absatz widmete sich dem Besuch des britischen Premierministers Clement Attlee, der sich vom 4. bis zum 9. Dezember 1950 mit Präsident Truman, dem Verteidigungsminister George Catlett Marshall, dem Außenminister Dean Gooderham Acheson sowie dem britischen Botschafter in den USA Oliver Shewell Franks in Washington traf. Den Zweck dieses Besuches beschreibt *TIME* wie folgt: „Attlee came to argue for some sort of deal with the Communists, a prospect that still seemed to Europeans to have some meaning" („Defeat"). Die Formulierung „some sort of deal" kann einerseits auf gewisse Zugeständnisse seitens des britischen Premierministers hinweisen, andererseits aufgrund ihrer Ungenauigkeit aber auch der Unterstellung der Kollaboration mit dem Gegner dienen. Vielen Quellen lässt sich dagegen entnehmen, dass der Hauptgrund von Attlees Besuch in dessen Sorge über eine atomare Kriegsführung der USA lag; eine Möglichkeit, die am 30. November 1950 von Truman angesprochen worden war (Appleman 297, Selden und So 71). Durch den Verweis auf die den Europäern immer noch sinnvoll erscheinende Aussicht, mit den kommunistischen Führern

Kompromisse aushandeln zu können, unterstellt *TIME* den Europäern ein Unvermögen, die Situation einschätzen zu können sowie ein gewisses Maß an geistiger Rückständigkeit. Der Leser kann sich des Eindrucks nicht erwehren, dass dem Nachrichtenmagazin sowie dem US-amerikanischen Volk, für das es zu sprechen vorgibt, eine Vorreiterrolle zugeschrieben werden sollte. Der letzte Abschnitt des Artikels wurde von *TIME* mit der Zwischenüberschrift „Atomic Horrors" versehen und lautet wie folgt:

> If the reported view of top U.S. military men should prevail, and the U.S. (with, as it hoped, the full support of the U.N.) should launch a sea and air blockade against Communist China, that war would have to be pursued in the full knowledge that it might go on for years, however it might be shortened by the help of anti-Communist forces inside and outside China. The war would have to be begun in the knowledge that Russia might come in too, which would lead to the atomic horrors of World War III. („The Nation: Defeat")

Die Idee eines See- und Luftkrieges gegen China wurde erneut aufgenommen, an dieser Stelle in Form einer nicht näher erläuterten „Blockade". Gleichzeitig wird die Aussicht auf einen „jahrelang" andauernden Krieg mit China präsentiert, der allerdings mithilfe „anti-kommunistischer Kräfte inner- und außerhalb Chinas" verkürzt werden könne. Der letzte Satz, der die Möglichkeit eines Eingreifens der Sowjetunion in den Konflikt behandelt, endet mit den Worten „the atomic horrors of World War III" und vereint gleich zwei Schreckensszenarien, die der Leser als letzten – und sicherlich bedrückenden – Eindruck mitnimmt („Defeat"). Der pessimistische Grundton des Artikels muss selbstverständlich vor dem Hintergrund der militärischen Entwicklung auf der koreanischen Halbinsel betrachtet werden. MacArthurs optimistische Hoffnung vom 24. November 1950, „die Jungs bis Weihnachten wieder zu Hause zu haben" (Manchester 697) war von seiner entsetzten Feststellung „We face an entirely new war" (Casey 127) vom 28. November 1950 abgelöst worden. Der Eintritt Chinas in den Krieg hatte in der US-amerikanischen Öffentlichkeit offenbar eine große Furcht ausgelöst. So befürworteten laut *Gallup Organization* bei einer Umfrage am 2. und 3. Dezember 1950 45 % der Befragten im Fall eines sich ausweitenden, direkten Krieges mit China den Einsatz einer Atombombe, während sich nur 38 % dagegen aussprachen (Casey 139). Eine weitere, vom 12. bis zum 17. November 1950 durchgeführte Befragung ergab, dass 50 % der Befragten glaubten, sie befänden sich mitten im

Dritten Weltkrieg („The Gallup Brain"). Die Tatsache, dass mit der ersten erfolgreichen Zündung einer sowjetischen Atombombe das US-amerikanische, militärische Nuklearmonopol gefallen war, hatte enorme Auswirkungen auf das Sicherheitsdenken der US-amerikanischen Bürger. Anhand der großen Zerstörung, die der Abwurf zweier Atombomben über den japanischen Städten Hiroshima und Nagasaki am 6. und 9. August 1945 verursacht hatte, war deutlich geworden, über welch mächtige Waffe nun auch die Sowjetunion verfügte. Ab Mitte Dezember 1950 stellte man im Sicherheitsrat der Vereinten Nationen Überlegungen zu Waffenstillstandsverhandlungen an (Edwards „Almanac" 150). Diese waren am 12. Dezember 1950 durch einen Entwurf von dreizehn arabischen und asiatischen Staaten angestoßen worden (149). Eine entsprechende Resolution allerdings wurde von sowjetischer Seite am 14. Dezember (150) und von chinesischer Seite am 22. Dezember (153) abgelehnt. Auch einflussreiche US-amerikanische Zeitungen, wie *Atlanta Constitution, Christian Science Monitor, New York Post, St. Louis Post-Dispatch* und *Wall Street Journal* sprachen sich für Verhandlungen zwischen den Kriegsparteien aus (Casey 139). Am 15. Dezember 1950 erklärte Präsident Truman, er beabsichtige, am darauffolgenden Tag den nationalen Notstand auszurufen (Edwards „Almanac" 151). Nachdem die USA und ihre Verbündeten am 5. Dezember 1950 Pjöngjang aufgrund der militärischen Überlegenheit der chinesischen und nordkoreanischen Truppen hatten aufgeben müssen, überschritten am 24. Dezember chinesische Truppen den 38. Breitengrad südwärts (Schwartz 78). Am selben Tag stellte General MacArthur an das US-amerikanische Verteidigungsministerium die Anfrage, für die Bombardierung der Mandschurei 34 Atombomben nutzen zu dürfen (Edwards „Almanac" 153). In der Nacht vom 31. Dezember 1950 auf den 1. Januar 1951 begann eine groß angelegte chinesische Offensive entlang des 38. Breitengrades (155). Nachdem *TIME* bereits am 25. Dezember 1950 ein Erstarken des Isolationismus[35] beobachtet hatte („National Affairs: World Without Friends"), ging das Nachrichtenmagazin am 1. Januar 1951 näher auf diese Thematik ein. Unter der vielsagenden Überschrift „The Nation: Out of the Grave" schrieb *TIME*: „Isolationism had been pronounced dead by many competent doctors. But it was not dead, just shamming" („THE NATION: Out of the Grave") und verwies die Idee des Isolationismus so in die Rolle

---

[35] Der Isolationismus, die Tendenz eines Landes, „sich gegenüber dem Ausland abzuschließen und als oberste Richtschnur des politischen Handelns das staatliche Eigeninteresse zu verfolgen", wurde von „US-Präsident James Monroe 1823 zur außenpolitischen Doktrin der Vereinigten Staaten erhoben (Monroedoktrin)" („Isolationismus Microsoft Encarta"). Nach dem Zweiten Weltkrieg wurde der Isolationismus „praktisch aufgegeben" („Isolationismus").

einer längst überkommenen, von „kompetenten Fachleuten" tot erklärten Theorie. Auf diese Weise wird dem Leser suggeriert, es handle sich beim Isolationismus um eine Idee, die seit langem und aus gutem Grund nicht mehr verfolgt werde. Die Vertreter einer solchen Idee werden so auf die Position von rückständig Denkenden verwiesen. Dieser Eindruck wird durch weitere Ausführungen des Nachrichtenmagazins noch verstärkt: „Isolationism had become a bad word; most isolationists did not like to be called that" („Grave"). An dieser Stelle gibt *TIME* der Bezeichnung „isolationism" bzw. „isolationist" den Beigeschmack eines Schimpfwortes, mit dem selbst ein Vertreter dieser Idee nicht gerne tituliert werde. Daraus ergibt sich die Möglichkeit der Unterstellung isolationistischer Tendenzen auch für den Fall, dass diese abgestritten oder geleugnet werden. Eine solche Unterstellung ist im unmittelbar darauffolgenden Satz möglich, der einer äußerst pessimistischen[36] Radioansprache[37] des ehemaligen Präsidenten Herbert Clarke Hoover entnommen ist, in der er sich dem Thema der US-amerikanischen Militärpräsenz in der Welt und der ökonomischen Hilfsleistungen an verbündete Nationen widmete. Hoover sagte am 20. Dezember 1950: „These policies I have suggested would be no isolationism. Indeed, they are the opposite" (Hoover 9). *TIME* zieht erneut Parallelen zu der Bedrohung, die durch die Nationalsozialisten ausging: „There was a notable difference between the isolationists of 1950 and the isolationism of a decade before. Then, many isolationists refused even to agree that the Nazis were a menace to the U.S. . . . " („THE NATION: Out of the Grave"). Durch den Verweis auf die nationalsozialistische Bedrohung schafft *TIME* eine Verbindung zu einer früheren Fehleinschätzung des Gegners und erweckt den Eindruck, als stünden die Vertreter des Isolationismus im Jahre 1950 in der Tradition derer, die Adolf Hitler die Überfälle auf Polen, Dänemark, Norwegen und die Benelux-Staaten zwar nicht ermöglicht, mindestens jedoch erleichtert hatten. Die Ansprache Hoovers wurde von dem Verleger der Zeitung *Chicago Tribune* wie folgt kommentiert: „The people are with him" („Grave"). *TIME* merkte zu diesem Kommentar an: „Its enthusiasm barely exceeded that of the Communist Party's Daily Worker, which appreciatively turned over its big headline type to Hoover's speech" („Grave") und rückt damit die Zeitung *Chicago Tribune* und ihren Verle-

---

[36] Hoover behauptete unter anderem: „It is obvious that the United Nations have been defeated in Korea by the aggression of Communist China. There are no available forces in the world to repel them" (Hoover 5).

[37] Der Titel dieser Radioansprache lautete „Our National Policies in This Crisis". Die Diskussionen um diese Radioansprache Hoovers wurden unter der Bezeichnung „Great Debate" bekannt (Pierpaoli 57).

ger Robert Rutherford „Colonel" McCormick in den Dunstkreis einer kommunistisch geprägten Publikation. Cashman schreibt zwar: „The isolationist press was led by Robert McCormick and the *Chicago Tribune*, his cousin Joseph Patterson, with the *New York Daily News*, and another cousin, Cissy Patterson, with the *Washington Times-Herald*" (Cashman 392), *TIME* ignoriert dabei jedoch völlig, dass McCormick eine strikt anti-kommunistische Haltung vertrat (Macklin 97). Hoover sah in der weiteren Entsendung von Truppen oder Hilfsleistungen nach Europa große Gefahren. Er forderte von den Europäern Eigeninitiative beim „Bau eines sicheren Dammes gegen die rote Flut" (Hoover 9) und forderte die US-Amerikaner auf, in der westlichen Hemisphäre ein „Gibraltar der westlichen Zivilisation"[38] zu schaffen (7). Im Falle eines gegenteiligen Handelns sah er folgende Gefahr gegeben: „Otherwise we shall be inviting another Korea" (7). *TIME* verweist auf drei Zeitungen, *New York Times*, *Christian Science Monitor* und *Denver Post*, in denen gegenteilige Meinungen vertreten wurden. Das Nachrichtenmagazin erläutert die Gefahren, die von den genannten Zeitungen für den Fall einer Rückkehr zum Isolationismus vorausgesehen würden:

> Along with Western Europe would go control of the Mediterranean, of the vast oil resources of the Middle East and of the strategic uranium deposits of the Belgian Congo, which are the main source of supply for U.S. A-bombs. With Africa would go excellent bases for South America-bound Soviet bomber fleets. With Asia would go a treasure house of materials and millions of potential soldiers. In a matter of time, it would mean the loss, too, of Japan, factory for the Orient. („The Nation: Out of the Grave")

Den Artikel abschließend zitierte *TIME* den Oberbefehlshaber der Streitkräfte der NATO Dwight „Ike" David Eisenhower: „I am convinced that to retire to our own country and wait for the end would bring sure defeat. I see no reason for the U.S. to act in an atmosphere of hysterical fear . . . 150 million Americans cannot be defeated" („Grave"). Am Beispiel des vorstehenden Artikels wird erneut deutlich, wie sehr die Anordnung von Argumentationssträngen die Wahrnehmung des Lesers zu beeinflussen vermag. Während die Stimmen, die für die Idee des Isolationismus eintreten, in der ersten Hälfte des Artikels zur Sprache kommen, werden in

---

[38] Hoover spielte auf die militärisch-strategische Lage der „natürlichen Festung" Gibraltar an (Chartrand 6,7).

der zweiten Hälfte die Gegenargumente zu dieser Idee erwähnt. Dem Leser wird somit das Gefühl vermittelt, die Befürworter des Isolationismus hätten zwar Raum bekommen, ihre Argumente vorzubringen, diese seien im Anschluss allerdings durch die Gegenseite widerlegt worden. Besonders interessant erscheint die Stellung der optimistischen Aussage Eisenhowers, die den Artikel abschließt. Obwohl das Argument der 150 Millionen „unbesiegbaren" US-Amerikaner angesichts der chinesischen Population von etwa 560 Millionen („China Population Statistics and Related Information") jeglicher Grundlage entbehrt, nimmt der Leser doch genau dieses Argument als letzten Eindruck aus dem Artikel mit. Derartige Aussagen stärken das Selbstverständnis eines Lesers und vermitteln ihm den Eindruck, Teil einer großen Gemeinschaft zu sein, die gemeinsam nach einem bestimmten Ziel strebt. Eine Umfrage der *Gallup Organization* vom 21. Januar 1951 offenbarte jedoch, dass 60 % der US-Amerikaner einen Rückzug der US-Truppen aus Korea befürworteten (Edwards „Almanac" 163). Ein weiterer Vertreter in der „Great Debate", dessen Argumente viele Reaktionen provozierten, war der republikanische Senator Robert Alphonso Taft. Dieser behauptete in einer Rede im US-Senat am 5. Januar 1951 unter anderem: „The President simply usurped authority, in violation of the laws and the Constitution, when he sent troops to Korea to carry out the resolution of the United Nations in an undeclared war" (Wunderlin 238). *TIME* schreibt dazu:

> And there was not much in law to support the argument that the President had "usurped authority" to send troops to Korea and to commit them to Europe. History books listed more than 130 cases where U.S. Presidents sent U.S. troops into armed action to defend the national interest. („National Affairs: Our First Consideration")

In einer Fußnote führte *TIME* drei vergleichbare Fälle aus den Jahren 1802, 1900 und 1912 an[39]. Hier zeigt sich erneut, dass *TIME* das Hilfsmittel des Verweises auf Präzedenzfälle nutzt, die aufgrund unterschiedlicher Umstände nicht die argumentative Durchschlagskraft entfalten, die das Nachrichtenmagazin zu sugge-

---

[39] Eine Diskussion um die Rechtmäßigkeit des militärischen Eingreifens in den innerkoreanischen Konflikt, ohne einen Beschluss des Kongresses abzuwarten, begann kurz nach der Entsendung US-amerikanischer Truppen. Am 3. Juli 1950 legte das US-amerikanische Außenministerium eine Liste von 85 Präzedenzfällen zur Untermauerung der Rechtmäßigkeit von Trumans Handeln vor (Hess 36). Hess merkt an: „Indeed, virtually all of the eighty-five cases involved brief interventions for minor purposes (most commonly protecting American lives and property in revolutionary situations) and did not directly engage other armies" (37).

rieren versucht. Taft sagte weiter: „I myself do not see any conclusive evidence that [the Russians] expect to start a war with the United States" (Wunderlin 235). *TIME* bemerkte hierzu:

> But the most obvious flaw in the whole Taft position was his hopeful prophecy that Russia would not attack the U.S. It justified a look at his record as a military prophet. In February 1941 Taft predicted with equal certainty: 'It is simply fantastic to suppose there is danger of an attack on the U.S. by Japan.' („National Affairs: Our First Consideration")

Durch den Verweis auf eine frühere Fehleinschätzung Tafts wird dieser diskreditiert. Dem Leser wird so implizit mitgeteilt, Senator Taft sei eine Person, die sich durch diese Fehleinschätzung selbst um ihre Glaubwürdigkeit gebracht hätte. Dies wird noch dadurch verstärkt, dass das angesprochene Ereignis ein derart einschneidendes Ereignis wie die japanische Bombardierung des US-amerikanischen Marinestützpunktes Pearl Harbor betrifft.

Am 4. Januar 1950 wurde die südkoreanische Hauptstadt Seoul von chinesischen Truppen erobert. Nachdem bereits am 20 Dezember 1950 eine Pressezensur verhängt worden war, wurde diese am 6. Januar 1951 nochmals verschärft (Edwards „Almanac" 152 und 157). Die Zensur betraf vor allem die Berichterstattung über die sinkende Kampfmoral unter den US-Soldaten und ihren Verbündeten. Obwohl sich Experten darüber einig sind, dass die Kampfmoral der UN-Truppen im Dezember 1950 und Januar 1951 auf einem Tiefpunkt angelangt war (Edwards „The Korean War" 143, Kaufman 104), vermeldet *TIME* mitunter Gegenteiliges: „Americans might take some bitter comfort from the fact that their soldiers, traditionally unaccustomed to retreat, were rapidly learning that difficult military art. They retreated in orderly fashion, with very few losses. Their morale remained high" („BATTLE OF KOREA: Scorched-Earth Retreat").

Nachdem am 12. Januar 1951 chinesische Truppen Incheon eingenommen hatten, verlief die Frontlinie Mitte Januar südlich des 38. Breitengrades von Pyongtaek im Westen, das ungefähr auf dem 37. Breitengrad liegt, über Wonju nach Gangneung, an der Ostküste etwa 30 Kilometer südlich des 38. Breitengrades gelegen (Dutton 106). Am 17. Januar 1951 lehnte China einen von den Vereinten Nationen vorgeschlagenen Waffenstillstand ab (Edwards „Almanac" 161). Am 22. Januar 1951 verabschiedete der US-Senat einstimmig eine Resolution, in der die Vereinten Nationen dazu aufgerufen wurden, China als Aggressor in Korea festzuschreiben. Am darauffolgenden Tag gaben Großbritannien und Indien bekannt, diese Resolution nicht unterstützen zu wollen (163). Am 29. Januar 1951 äußerte *TIME*, auf die Thematik eingehend, Bedenken: „Last week, seven months after they had acted so stirringly against North Korean aggression, the U.N.'s free nations had lost their unity, firmness and clear purpose in the face of the plainer, more dangerous Chinese Communist aggression" („UNITED NATIONS: Seven Months After"). Das Nachrichtenmagazin machte den „Anführer" einer „antiamerikanischen Opposition" aus: „Undeterred, the anti-American opposition, led by India's softspoken, white-thatched Sir Benegal Rau, pressed for continued negotiations" („After"). In dem Begriff „anti-American opposition" spiegelt sich das zu jener Zeit weit verbreitete Weltbild einer zweigeteilten Erdbevölkerung wider. Dem Leser werden exakt zwei Standpunkte präsentiert. Der eine ist US-freundlich und der andere US-feindlich. Natürlich muss ein derartiges Weltbild vor dem Hintergrund der damaligen Umstände verstanden werden. Nichtsdestotrotz entbehrt es nicht einer gewissen politischen Kurzsichtigkeit, die sich unter Umständen auch in der Vorstellung der Leser manifestierte. Am 1. Februar 1951 verabschiedete die Generalversammlung der Vereinten Nationen die vom US-Senat eingebrachte Resolution, in der China als „Aggressor" im Koreakrieg bezeichnet wird (Moore und Pubantz 276). Die Ablehnung von Sanktionen seitens Indiens und Großbritanniens stellte *TIME* zufolge jedoch eine Schwierigkeit für die USA dar:

> For the U.S. to stay in Korea made good sense if that decision was looked on as part of a plan to punish the Chinese aggressor. The Chinese army could be fought in the north, while Red China's strength was drained by embargo and Nationalist attacks in the south. But to stay in Korea and not try to hurt Red China elsewhere would be just obstinacy, not policy. („THE NATIONS: Forward or Back?")

Für *TIME* scheint ausschließlich ein Vorgehen, das mit Sanktionen einhergeht, sinnvoll zu sein. Auch hier gibt es laut *TIME* nur zwei Möglichkeiten, wie der Titel „THE NATIONS: Forward or Back?" verdeutlicht. Des Weiteren assoziiert der Leser mit der Formulierung „Forward or Back" die militärische Marschrichtung, die entweder vorwärts oder rückwärts gerichtet ist, also entweder ein Zurückdrängen des Gegners oder einen Rückzug vor diesem bezeichnet. So ist der Titel des Artikels gleichermaßen als rhetorische Frage an den Leser zu verstehen. Da dieser wohl in den meisten Fällen ein Zurückdrängen des Gegners einem Rückzug vorziehen dürfte, muss er, der Argumentation von *TIME* folgend, im Gegensatz zu Indien und Großbritannien, auch Sanktionen gegen China gutheißßen. Im Gegensatz zu dieser Argumentation steht eine Umfrage der *Gallup Organization*, nach der sich im Februar 1951 die Mehrheit der befragten US-Amerikaner für Verhandlungen mit China und einen Waffenstillstand nebst Einrichtung einer Demarkationslinie entlang des 38. Breitengrades aussprach (Herzstein 150). Levering schreibt dazu:

> Although most Americans probably did not want the United States to be defeated in Korea, proposes for a compromise peace were popular. The majority supported withdrawal of American troops if the Chinese agreed to withdraw their troops, greater efforts to start peace talks, a truce at the 38th parallel, and other plans to end the war. (Levering 103)

Im März 1951 fielen die Umfragewerte zur Politik Trumans auf einen Tiefstwert, nur noch 26 % der Befragten erklärten, sie seien damit einverstanden, wie der US-amerikanische Präsident sein Land führte (Gallup 20). Auch General MacArthur äußerte mittlerweile Kritik an Trumans Politik, am 7. März 1951 warnte der General vor einer Pattsituation, die bei der Auseinandersetzung mit dem chinesischen Gegner entstehen könnte (Edwards „Almanac" 179).

Am 14. März 1951 gelang UN-Truppen zum zweiten Mal seit Beginn des Konfliktes auf der koreanischen Halbinsel die Einnahme der südkoreanischen Hauptstadt Seoul. Am 20. März erreichte General MacArthur die Nachricht einer von Präsident Truman geplanten Initiative zum Waffenstillstand mit dem Gegner. MacArthur erklärte daraufhin, China ein Ultimatum stellen zu wollen (Edwards „Almanac" 183). Am 24. März gab MacArthur seinen Willen bekannt, den Krieg nicht mehr auf Korea beschränken zu wollen (184). Für *TIME* ergab diese Drohung durchaus Sinn. So schrieb das Nachrichtenmagazin am 2. April: „MacArthur's statement made perfect and obvious military sense" („THE NATION: MacArthur to Red China"). Der General verstieß damit jedoch gegen eine Direktive des Präsidenten, die vorschrieb, jede öffentliche Äußerung mit Washington abzustimmen (Lee 2007: 57). Bis zum 26. März konnten die UN-Truppen den Gegner über den 38. Breitengrad nordwärts zurückzudrängen. In der Folge bildete sich während des Frühlings 1951 auf der koreanischen Halbinsel entlang des 38. Breitengrades eine Pattsituation (Pierpaoli 82). Am 11. April 1951 enthob Präsident Truman General MacArthur seines Postens als Oberbefehlshaber der UN-Streitkräfte in Korea, am darauffolgenden Tag wurde General Matthew Ridgway offiziell zum Nachfolger MacArthurs erklärt (Edwards „Almanac" 191). Diese Entscheidung provozierte in den USA umfangreiche Diskussionen. In *TIME* erschien am 23. April 1951 unter dem Titel „THE PRESIDENCY: The Little Man Who Dared" eine eingehende Analyse der Vorgänge, die zur Entlassung MacArthurs geführt hatten. Die Bezeichnung „The Little Man Who Dared" im Titel des Artikels bezieht sich auf den Präsidenten. Noch deutlicher wird dies in einem Absatz, in dem *TIME* schrieb:

> Seldom had a more unpopular man fired a more popular one. Douglas MacArthur was the personification of the big man, with the many admirers who look to a great man for leadership, with the few critics who distrust and fear a big man's dominating ways. Harry Truman was almost a professional little man, with the admirers who like the little man's courage, with the many critics who despise a little man's inadequacies. („THE PRESIDENCY: The Little Man Who Dared")

An diesem, in einem unverhohlen beleidigenden Tonfall gehaltenen Beispiel ist die Position von *TIME* in der Streitfrage Truman – MacArthur deutlich erkennbar. Während Truman den Lesern als „kleiner Mann" mit vielen Kritikern beschrieben wird, fällt MacArthur die Rolle des „großartigen Anführers" zu. So suggeriert das Nachrichtenmagazin den Lesern vertauschte Rollen; die Fähigkeiten, die notwendig seien, das Amt des Präsidenten als Anführer der „freien Welt" zu bekleiden, seien in Wahrheit in der Person MacArthurs zu finden, während der Präsident selbst aufgrund seiner „Unzulänglichkeiten" nicht für ein solches Amt geeignet sei. Das Bild von Trumans angeblicher „Unzulänglichkeit" wird durch das stark negativ besetzte Verb „to despise" noch weiter verstärkt. Die Kritiker MacArthurs werden dem Leser als Menschen präsentiert, deren Ablehnung sich lediglich aus „Angst" und „Misstrauen" speise. Weiterhin stellt der vorstehende Absatz ein anschauliches Beispiel dafür dar, welcher Techniken sich das Nachrichtenmagazin bediente, um bestimmte Personen zu diskreditieren. Während bei der Beschreibung General MacArthurs ausschließlich Bezeichnungen aus dem Wortfeld „groß" Anwendung finden, speisen sich die Bezeichnungen Trumans aus dem Wortfeld „klein". Im selben Absatz wird Truman als Präsident bezeichnet, der zwar seinen Mut bei der Formulierung der *Truman-Doktrin* und während der sowjetischen Blockade Berlins unter Beweis gestellt hätte, dessen sechsjährige Präsidentschaft aber letztendlich doch von vielfältigen Problemen überschattet gewesen sei: „But the six years had provided increasing evidence of shabby politicking and corruption in his day-to-day administration, of doubts about his State Department, and cumulative distaste for his careless government-by-crony" („Dared").

Der Ausdruck „day-to-day administration" suggeriert an dieser Stelle ein gewisses Unvermögen, zukünftige Entwicklungen auf lange Sicht bewerten zu können und unterstellt der Truman-Administration politische Kurzsichtigkeit. Zur politischen Zukunft Trumans schrieb *TIME*: „Taking his political future in his hands, Truman made his decision" („Dared"). Angesichts der bereits genannten Umfragewerte dürfte diese Zukunft zwar schon vor der Entlassung MacArthurs festgeschrieben gewesen sein, jedoch kann diese Bemerkung des Nachrichtenmagazins dennoch sowohl als Ankündigung wie auch als Appell an die Leser gesehen werden. Die Schärfe, mit der Truman im Artikel angegangen wird, ist unverkennbar:

> The public had an impression of a petulant, irascible President who stubbornly protected shoddy friends, a man who had grown too touchy to make judicious decisions, who failed to give the nation any clear leadership in these challenging times, whose Asia policy seemed to combine a kind of apologetic resistance with something between a hope and a prayer. („Dared")

Dem Leser wird das Bild eines Präsidenten vermittelt, dessen eingeschränktes Urteilsvermögen ihn nicht länger dazu befähige, sein Amt auszuüben.

Die Presseerklärung des Präsidenten zu der Entlassung MacArthurs wurde nachts um 1 Uhr herausgegeben. Dieser etwas unglücklich gewählte Zeitpunkt hatte den Hintergrund, dass man die Erklärung des Präsidenten noch vor der geplanten Entlassung MacArthurs veröffentlichen wollte (Hechler 179). Das Nachrichtenmagazin *TIME* vermutete hinter dieser Entscheidung allerdings andere Gründe: „The White House's hollow explanation was that the timing was for the convenience of the general, since it was then midafternoon in Tokyo. But that wasn't the real reason at all: the news had been timed to make the morning newspapers, and catch the Republicans in bed" („THE PRESIDENCY: The Little Man Who Dared"). Hier unterstellt *TIME* den für die Erklärung Verantwortlichen schlicht Boshaftigkeit in der Entscheidung, einen solchen Zeitpunkt gewählt zu haben. In die Diskussion schaltete sich auch Senator Joseph McCarthy ein, der Truman sogar noch niedrigere Beweggründe unterstellte: „Senator McCarthy charged that 'treason in the White House' resulted from the President's being plied with 'bourbon and benedictine[40]'" (Hechler 179). Über die Reaktion der US-amerikanischen Bürger schrieb *TIME*: „A few days later, over the morning coffee, the nation read of Harry Truman's reply and fumed" („THE PRESIDENCY: The Little Man Who

---

[40] Bénédictine ist ein ursprünglich aus der Normandie stammender Kräuterlikör.

Dared"). Hier lässt sich erneut erkennen, wie sich *TIME* des Mittels der Suggestion bedient. Das Nachrichtenmagazin gibt wiederholt vor, im Namen einer in ihrer Überzeugung geeinten Masse der US-Bürger zu sprechen und suggeriert so, die einheitliche Meinung der Bürger zu vertreten. Levering schreibt dagegen: „66% disapproved Truman's firing of MacArthur in April 1951" (Abrams nach Levering 103). Als Grund für diesen Wert gibt Levering sowohl die sinkende Achtung der US-Bürger vor Trumans politischem Handeln, als auch die Tatsache an, dass MacArthur für den Fall des Angriffs Chinas ein schnelles Ende des Krieges vorhergesagt hatte (Levering 103). Angesichts des Umfragewertes von 66 % dürfte folglich ein großer Teil der US-Bürger Trumans Meinung gewesen sein, der zur Verteidigung seiner Entscheidung unter anderem sagte: „We are trying to prevent a world war – not to start one" („THE PRESIDENCY: The Little Man Who Dared"). Diese Überzeugung schien man bei dem Nachrichtenmagazin *TIME* nicht zu teilen. Dieses behauptete in dem Artikel „National Affairs: MACARTHUR V. TRUMAN", der ebenfalls am 23. April 1951 gedruckt worden war: „Up to now, World War III has been prevented by the fact that the U.S. is stronger than Communism. The new policy almost certainly brings World War III closer because it throws away a large part of U.S. strength" („National Affairs: MACARTHUR V. TRUMAN"). Während Truman also im Fall eines eigenmächtigen Handelns MacArthurs die Gefahr eines weiteren Weltkrieges gegeben sah, behauptete *TIME*, dass die Entlassung MacArthurs ein Schritt in Richtung eines globalen Krieges bedeutete. Mit dem Bild des „Wegwerfens eines großen Teiles der US-amerikanischen Stärke" verknüpft der Leser aufgrund der Umstände unmittelbar die Entlassung MacArthurs. *TIME* schafft hier einen vermeintlichen Zusammenhang zwischen dem entlassenen General und erhöhten Sicherheitsbedenken. Mit der „neuen Politik" ist die Außenpolitik Trumans gemeint, die laut *TIME* nun zum „ersten Mal öffentlich geäußert" wurde. Dieser stand das Nachrichtenmagazin allerdings nicht wohlwollend gegenüber:

> This policy, new in the sense that it was publicly stated for the first time, denies to the U.S. the efficient use of its power, guarantees to the enemy the initiative he now has, promises that the U.S. will always fight on the enemy's terms. The policy invites the enemy, World Communism, to involve the U.S. in scores of futile little wars or in messy situations like Iran. („MacArthur")

Die Anschuldigung einer „ineffizienten Nutzung der US-amerikanischen Stärke" verknüpft *TIME* ebenso mit der „neuen Politik" Trumans wie die einer „Einladung des Gegners", der hier überdies mit der Bezeichnung „Weltkommunismus" versehen wird. Durch diese Formulierungen vermittelt *TIME* dem Leser die Sicht, das politische Handeln des Präsidenten gereiche einzig dem Gegner zum Vorteil. Die Außenpolitik Trumans wird so zwingend mit Konsequenzen verknüpft, die für einen großen Teil der US-Bürger in den 1950er Jahren wohl der Vorstellung eines Unterganges der „freien Welt" nahegekommen sein dürften. Die Bezeichnung „World Communism" spielt dabei eine besondere Rolle, denn sie stellt ein äußerst bedrohliches Szenario dar. Dieses wurde in den betrachteten Artikeln aus den Jahren 1950 bis 1953 von *TIME* wiederholt geschildert. Zu Trumans Argumentation, derer er sich zur Verteidigung der Entlassung MacArthurs bediente, schrieb *TIME*: „Truman's argument gets its appeal from the fact that all sane men prefer peace to war and a small war to a big war. Truman's speech was constructed to give the impression that MacArthur was in favor of unlimited war while Truman was for limited war" („MacArthur"). Das Nachrichtenmagazin widersprach dieser Behauptung jedoch und erklärte: „In fact, both the Truman policy and the MacArthur policy on the Far East are aimed at a limited war" („MacArthur"). Anschließend führt *TIME* drei Unterschiede auf, die zwischen der Politik Trumans und der MacArthurs bestünden. Der an zweiter Stelle aufgelistete Punkt lautete dabei wie folgt: „Truman invites the enemy to set the limits; MacArthur wants the U.S. to set them" („MacArthur"). Damit taucht das Bild der USA, die einem Gegner als Gast den Vortritt lassen, zum zweiten Mal im Artikel auf. *TIME* bedient sich auch hier zur Beweisführung vergangener Ereignisse, bei denen die USA militärisch eingegriffen hatten. Die vier angesprochenen Ereignisse liegen zwischen den Jahren 1931 und 1938. Bei dem Ereignis aus dem Jahre 1938 handelt es sich um die Abspaltung der sudetendeutschen Gebiete von der Slowakei und deren Eingliederung in das Deutsche Reich. Das Nachrichtenmagazin entwarf fiktive Szenarien, indem die Autoren die Vorgehensweisen Trumans und MacArthurs, in die Ereignisse einzugreifen, einander gegenüberstellten. Demnach hätten die beiden „Gegenspieler" wie folgt gehandelt:

> CZECHOSLOVAKIA, 1938. General Legion[41]: Tell Hitler to get out of there or else the free world is coming across the Rhine. Captain Truman: Send troops to Czechoslovakia, presumably by parachute, but do not widen the war by crossing the Rhine. Captain Truman's policy might have avoided World War II – in the sense that the Axis would have won the world without having to fight the war. („MacArthur")

Hier wird – wie auch bei weiteren Verweisen auf den Zweiten Weltkrieg – deutlich, dass sich *TIME* bei der Argumentation häufig auf Ereignisse berief, die in den Lesern starke Emotionen hervorriefen. Das Nachrichtenmagazin wägt weiterhin die Angst vor einer Provokation der kommunistischen Führer gegen deren Berechnung ab:

> Through the Truman speech and through much American and U.N. thought runs the fear of provoking the Reds. No man can be absolutely certain that some U.S. action (such as the Berlin airlift) will not some day anger the Communists into starting World War III. But the evidence – and there is a great deal of it – all runs the other way. The Red bosses seem to be cool, calculating men. Opportunity, not provocation, is what moves them. Wherever they have been "provoked", they backed down. Wherever they have been appeased, they grabbed for more. The U.N. may negotiate an appeasement in Korea, but it will be merely the prelude to the next aggression. („MacArthur")

TIME zeichnete an dieser Stelle erneut das Bild „kühl kalkulierender" kommunistischer Staatsoberhäupter. Bedenken, die sich auf die Folgen einer Provokation der „roten Bosse" bezogen, stellte das Nachrichtenmagazin eine „große Fülle an gegenteiligem Beweismaterial" entgegen, ohne dieses weiter zu benennen („MacArthur"). Die Angst vor den Folgen einer Provokation sei unbegründet, so *TIME*, schließlich seien die „roten Bosse" jedes Mal „zurückgewichen, wenn sie provoziert wurden". Selbstverständlich lässt sich der Begriff „Provokation" auf unterschiedliche Weise interpretieren, dennoch verwundert die Aussage

---

[41] „General Legion" bezeichnet in diesem Fall General MacArthur. Das wird in dem Satz ersichtlich, der in *Time* dem Zitat vorangestellt wurde: „To avoid involving MacArthur in further controversy, suppose that the mythical General Legion (who got fired a few paragraphs back) and Captain Harry Truman each applied his strategic principles to the aggressions of the 1930s" („National Affairs: MACARTHUR V. TRUMAN"). Durch den Verweis auf Präsident Trumans militärischen Rang eines Captains wird zugleich auf dessen General MacArthur untergeordnete Stellung innerhalb der militärischen Befehlskette aufmerksam gemacht.

(„MacArthur"). Die chinesische Führung dürfte sich sicherlich durch das Überschreiten des 38. Breitengrades sowie das Vordringen an den chinesisch-nordkoreanischen Grenzfluss Yalu durch UN-Truppen „provoziert" gefühlt haben, anderenfalls hätte ein Eingreifen Chinas in den Konflikt nicht stattgefunden. Die Darstellung der kommunistischen Staatsoberhäupter impliziert an dieser Stelle auch eine gewisse Feigheit sowie durch das Verb „to grab" eine den Kommunisten eigene Gier. Dem Leser wird suggeriert, dem sich unweigerlich ausweitenden Einflussbereich des Kommunismus könne einzig durch offensives Handeln entgegengetreten werden. Die im letzten Satz des Zitates angesprochenen Friedens- oder Waffenstillstandsverhandlungen werden von dem Nachrichtenmagazin nicht als solche bezeichnet. Stattdessen bedient sich *TIME* des Ausdruckes „appeasement" und stellt so erneut eine Verbindung des Kommunismus zum Nationalsozialismus im Zweiten Weltkrieg her. Ein häufig genanntes Beispiel für Beschwichtigungspolitik (engl.: „appeasement policy") stellt die Haltung Großbritanniens gegenüber der aggressiven Außenpolitik des Deutschen Reiches im Jahr 1938 dar. Nach der Überzeugung des Nachrichtenmagazins gab es drei Hauptverantwortliche, die auf Trumans Entscheidung, MacArthur zu entlassen, Einfluss ausgeübt hätten: „British influence was a powerful factor on Truman in both the firing of MacArthur and the speech defending it. . . . Besides the British, the two other main influences on Truman's Asia policy are Dean Acheson and George Marshall" („MacArthur"). Dean Acheson und George Marshall wirft *TIME* vor: „Both men, highly successful in other fields, failed on China. The failure rankles. They keep looking back. They will not face the future" („MacArthur"). Der Leser sieht sich konfrontiert mit als Fakten präsentierten Behauptungen, die überdies zukünftige Einstellungen und Überzeugungen betreffen. Die Argumentation in *TIME* ruht auf vergangenen Entscheidungen der beiden Politiker und betrifft den „Verlust Chinas", dem in den betrachteten Artikeln des Nachrichtenmagazins aus den Jahren 1950 bis 1953 viel Platz eingeräumt wurde. Der „gescheiterten Politik" des Außenministers Acheson und des Generals Marshall wurde die des Generals MacArthur entgegengestellt:

> MacArthur, on the other hand, was the West's great success in Asia. Faced with Communism in Asia, he had what many other Western leaders lacked: a will to win. Millions of Japanese, Filipinos and other Asiatics respected him as liberator and guide. In the Night of the Long Knives when MacArthur was fired, the failures cut down the success. („MacArthur")

Während die Behauptung, Millionen würden „MacArthur als Befreier respektieren" schlicht als Ehrung der militärischen Leistungen des Generals gesehen werden kann, wirft der letzte Satz des Zitates die Frage auf, ob sich die Autoren der Brisanz des Bezuges auf die „Nacht der langen Messer" bewusst waren. Die Bezeichnung „Night of the Long Knives" wird unter anderem für die Ereignisse zwischen dem 30. Juni und dem 2. Juli 1934 benutzt, die im deutschsprachigen Raum auch unter der Bezeichnung bekannt sind, die die nationalsozialistische Propagandamaschinerie für sie ersann; der „Röhm-Putsch". Ernst Röhm war Stabschef der Sturmabteilung („SA"). Hitler sah durch den Stabschef seine Macht gefährdet und gab unter dem Vorwand, Röhm hätte einen Putsch geplant, den Befehl zu einer Mordaktion. Die Umsetzung dieses – juristisch fragwürdigen – Befehls kostete Röhm sowie eine Reihe weiterer Personen das Leben (Gruchmann 433). Durch den Vergleich der Entlassung MacArthurs mit der „Nacht der langen Messer" wird – mit großer Wahrscheinlichkeit unabsichtlich – eine Nähe MacArthurs zu Ernst Röhm, der immerhin Mitglied der Nationalsozialistischen Deutschen Arbeiterpartei und darüber hinaus angeblich homosexuell[42] war, hergestellt, was sicherlich nicht im Interesse der Autoren dieses Artikels war. Der den Artikel abschließende Absatz lautet wie folgt: „The one note of hope that emerges from the tragedy is that Harry Truman is too patriotic and sensible a man to pursue for long the policy he laid down on April 11. The great danger is that the Reds will take Truman at his word" („National Affairs: MACARTHUR V. TRUMAN"). Die hier formulierte Hoffnung enthält eine Anschuldigung, die im Umkehrschluss offensichtlich wird und Truman, sollte er seine politische Linie so weiter verfolgen, als unpatriotisch und folglich unamerikanisch darstellt. Der letzte Satz verknüpft Trumans Politik mit Sicherheitsbedenken, indem darauf hingewiesen wird, dass diese durch die „Roten" ausgenutzt werden könne.

In einer Radioansprache am 23. Juni 1951 verbreitete der stellvertretende sowjetische Außenminister Jakow Malik, Waffenstillstandsverhandlungen zwischen den Kriegsparteien seien unter bestimmten Umständen möglich. Zwei Tage darauf war aus dem chinesischen Radio zu erfahren, dass die Volksrepublik Maliks Vorschlag unterstütze. Am 10. Juli 1951 schließlich begannen die Friedensverhandlungen in Kaesong, der früheren Hauptstadt des koreanischen Königreiches Goryeo. Nach einer Unterbrechung wegen Unstimmigkeiten über die Art der Be-

---

[42] In den Jahren 1950 bis 1953 wurden sowohl Personen mit kommunistischen Überzeugungen als auch solche mit homosexuellen Neigungen als Sicherheitsrisiko betrachtet und aus dem Staatsdienst entlassen. („THE ADMINISTRATION: Homosexuals in State")

richterstattung über die Verhandlungen wurden diese am 17. Juli fortgesetzt. Diese anfänglichen Schwierigkeiten können als exemplarisch für den weiteren Verlauf der Verhandlungen gesehen werden. Schließlich sollten bis zu der Unterzeichnung des Waffenstillstandsabkommens zwei weitere Jahre vergehen. Am 23. August wurden die Verhandlungen von kommunistischer Seite abgebrochen (Edwards Almanac 216). Einen Monat später, am 25. Oktober 1951 wurden die Verhandlungen in Panmunjeom wieder aufgenommen. Dort kam man am 28. Oktober überein, dass die Waffenstillstandslinie diejenige sein sollte, an der sich die gegnerischen Parteien zu jener Zeit gegenüberstanden. Am 11. Dezember begann man sich in Panmunjeom mit der Frage nach einem Austausch von Kriegsgefangenen auseinanderzusetzen. Eine Woche später wurden Listen mit der Aufzählung dieser Gefangenen zwischen den Parteien ausgetauscht. Während die Vereinten Nationen von 132.000 Gefangenen sprach, die sich in ihrem Gewahrsam befänden, belief sich die Anzahl auf der gegnerischen Seite auf 11.559 (Edwards „Almanac" 264). Am 7. Januar 1952 schrieb *TIME* dazu: „The Communists . . . refused Matt Ridgway's request for Red Cross inspection of their prison camps. Such scrutiny, the Reds said loftily, was unnecessary. The men were well fed, clothed and sheltered, they said, 'in complete accordance with humanitarianism.'" („War: In the Second Tent"). Auf die Frage nach dem Verbleib von etwa 1.000 auf den Listen nicht genannten Kriegsgefangenen hätte die kommunistische Seite wie folgt geantwortet:

> 152 had escaped, three had been turned loose, 571 had died, 332 were unaccounted for but still the subject of inquiry. The Reds claimed that some, but not all, of the 571 known dead had perished under U.N. air or artillery attacks. The others, they said vaguely, had died of disease, or of wounds, or because of climatic rigors, or because of some strange "lack of will to survive." („Tent")

Der in der Formulierung „of some strange 'lack of will to survive'" zutage tretende Zynismus lässt erkennen, dass *TIME* dieser Erklärung keinen Glauben schenkte. Die besseren Verhältnisse in den Gefangenenlagern der Vereinten Nationen, die das Nachrichtenmagazin durch eine derartige Berichterstattung zu suggerieren versuchte, entsprachen allerdings nicht der Realität. So schreibt beispielsweise Casey: „By 1952, the UN camps were thus an incendiary mix of grim living conditions and ideological enmity" (Casey 283). Des Weiteren spricht er von „sorgfältig vorbereiteten" Besuchen der Journalisten und infolgedessen von einer

„höchst positiven" Berichterstattung (283). Nachdem die kommunistische Seite am 3. Januar 1952 eine Rückführung der chinesischen und nordkoreanischen Kriegsgefangenen auf freiwilliger Basis abgelehnt hatte, waren sich die Kriegsparteien am 2. April darüber einig geworden, unter den Gefangenen Befragungen durchzuführen, ob diese in ihre Truppen zurückkehren wollten (Edwards „Almanac" 287). Im Verlauf dieser Befragungen enthielten sich etwa 40.000 Kriegsgefangene ihrer Stimme, indem sie sich jeglicher Befragung verweigerten. Diese 40.000 Stimmen flossen in die Zahl derer ein, die eine Rückkehr nicht wünschten (288). Am 15. April stand das Ergebnis der *Operation Scatter*, wie die Befragungen der Kriegsgefangenen auch genannt wurden, fest: „Of the 170,000 military and civilian personnel who respond, about 70,000 indicate an interest in returning to communist rule" (290). Neun Tage später wurde die Gegenseite darüber unterrichtet, dass sich von 173.000 Kriegsgefangenen 103.000 gegen eine Rückführung aussprachen. Daraufhin wurden die Verhandlungen von kommunistischer Seite abgebrochen (292), um diese am 26. April 1952 wieder aufzunehmen. Derartige Abbrüche und Wiederaufnahmen der Verhandlungen wiederholten sich bis zur Unterzeichnung des Waffenstillstandsabkommens im Juli 1953 mehrere Male (292). Der republikanische General Dwight David „Ike" Eisenhower wurde am 4. November 1952 zum 34. Präsidenten der USA gewählt und kündigte Mitte Dezember an, gegenüber den Kommunisten eine „neue Politik der Stärke" zur Anwendung bringen zu wollen (358). Nach der Rückkehr Eisenhowers von einem Besuch Koreas, mit dem er ein Versprechen einlöste, das er vor seiner Wahl zum Präsidenten gegeben hatte, fiel die Zustimmung der US-amerikanischen Öffentlichkeit zum Krieg in Korea auf einen Wert von nur noch 25 % (Edwards 2010: 17). Nachdem am 8. Juni 1953 die Streitfrage der Kriegsgefangenen unter der Vermittlung Indiens als neutraler Nation gelungen war (407), fand am 27. Juli die Unterzeichnung des Waffenstillstandsabkommens durch General William Harrison auf der US-amerikanischen Seite und General Nam Il auf der nordkoreanischen Seite statt. Seit den ersten Verhandlungen am 10. Juli 1951 waren bis zu diesem Zeitpunkt zwei Jahre vergangen. Bis zum heutigen Tag ist kein Friedensvertrag erfolgt, sodass sich Nord- und Südkorea faktisch immer noch im Kriegszustand befinden. Pearlman zitiert ein nicht näher benanntes Magazin, das für diesen Zustand die passende Bezeichnung „[A] war that wasn't a war ended in a peace that wasn't a peace" (Pearlman 264) fand. Der für beide Seiten unbefriedigende Ausgang des Koreakrieges schlug sich auch in den Zeilen der *TIME*-Autoren nieder: „The truce was neither victory nor defeat. It was stalemate without killing. As such, it could be accepted but not celebrated" („THE NATION: I

Cannot Exult"). Das Nachrichtenmagazin gab einen Rückblick über die „Fehler" und „Schwachstellen" der US-amerikanischen Außenpolitik während des Krieges:

> Victory began—and with it arose a confusion about the U.N. goals. The U.S. was running the war . . . When its policymakers failed, the voices of the U.S. allies began to make themselves felt. As MacArthur, intent on victory, approached the Yalu, the Chinese, no doubt encouraged by dissension in the U.N. governments, attacked and threw MacArthur back. He rallied below the 38th parallel, started north again. The U.N. confusion over the object of the war grew noisier. With the firing of MacArthur, the confusion was not resolved. It was frozen. („Exult")

Hier wird der Eindruck erweckt, die Unstimmigkeiten zwischen den USA und ihren Verbündeten seien einzig vom „Versagen" der Truman-Administration verursacht worden. So wird eine strikte Trennung zwischen dem militärischen und dem politischen Komplex hergestellt, die dem Leser suggeriert, lediglich der Erstgenannte hätte Erfolge vorzuweisen gehabt. Die Entlassung MacArthurs wird dargestellt als Hindernis auf dem Weg zu einem sicheren Erfolg. Diese Meinung wird im darauffolgenden Absatz noch etwas deutlicher: „The stalemate in Korea was not military. There can hardly be any question of the U.N.'s ability to defeat the Chinese in Korea. It was a stalemate produced by a paralysis of wills at political levels" („Exult"). Die Behauptung der „sicheren Überlegenheit der UN-Truppen über die der chinesischen Volksrepublik in Korea" stellt eine stark vereinfachte Sicht des Konfliktes dar und blendet wichtige Faktoren aus. So war in den Artikeln des Nachrichtenmagazins während der Jahre 1950 bis 1953 mehrmals auf die Gefahr eines Eingreifens der Sowjetunion in den Krieg hingewiesen worden. Im letzten Satz des Zitates wird die Verantwortung für den Stillstand auf einen „gelähmten Willen" der Politik übertragen („Exult"). Auf die Risiken, die eine Bombardierung der Mandschurei mit Atombomben, wie es MacArthur gefordert hatte, mit sich gebracht hätte, geht das Nachrichtenmagazin an dieser Stelle nicht ein. Im abschließenden Satz teilt *TIME* den Lesern implizit mit, dass die politisch Verantwortlichen immer noch nicht den starken Willen besäßen, den es benötige, um kommunistischen „Bedrohungen" entgegentreten zu können: „If the U.S. and its allies develop no more will and purpose than they showed in the Korean war, then further costly stalemate is the best that can result" („Exult").

8 Schlussbetrachtung

Wie bereits in der Einleitung zu der vorliegenden Arbeit erwähnt, muss eine Aussage über die Auswirkungen des Einflusses der Berichterstattung in *TIME* im Zeitraum 1950 bis 1953 unterbleiben.

Aus der Analyse der Berichterstattung über den Koreakrieg in der vorliegenden Arbeit wird ersichtlich, dass die Darstellung des Konfliktes weit über die einer „police action" hinausging. *TIME* präsentierte den Krieg als Teil eines bedrohlich wirkenden Plans, mit dessen Hilfe Stalin ein kommunistisches Weltreich erschaffen wollte. Um diese Darstellung zu stützen, bediente sich das Nachrichtenmagazin vielfältiger sprachlicher und argumentativer Mittel. Diese Mittel dienten der Darstellung der kommunistischen Welt als Bedrohung für die US-Amerikaner und ihre Verbündeten, die in *TIME* als Teil einer „freien Welt" bezeichnet wurden. Durch eine sprachliche Abwertung kommunistischer oder von einer bestimmten politischen Haltung abweichender Überzeugungen und Aufwertung der US-amerikanischen Einflusssphäre wurde dem Leser eine einfache Entscheidung suggeriert. Diese Entscheidung betraf vor allem die Frage nach der Zugehörigkeit oder moralischen Unterstützung einer dieser beiden Welten.

In den analysierten Artikeln offenbarte sich eine kämpferische Grundhaltung, die wiederholt durch die Behauptung gestützt wurde, die Intention Stalins und der Kommunisten sei die Erlangung einer weltweiten kommunistischen Herrschaft und der Konflikt auf der koreanischen Halbinsel sei dieser Intention entsprungen. Die Darstellung einer zweigeteilten Welt erfolgte durch die Stilisierung Stalins als Anführer eines Reichs des Bösen, dem als Gegenpol die US-amerikanische Einflusssphäre und die ihrer Verbündeten entgegengestellt wurde. Neutrale Haltungen, die beispielsweise in den Vermittlungsversuchen des indischen Ministerpräsidenten Nehru zum Vorschein kamen, wurden nicht etwa als lobenswert, sondern vielmehr als rückständig oder sogar defätistisch dargestellt.

Einseitige und negative Berichterstattung beschränkte sich in der Darstellung des Nachrichtenmagazins nicht auf den kommunistischen Gegner, sondern fand auch bei der Darstellung von US-Amerikanern und Verbündeten Anwendung, wenn diese Entscheidungen trafen, die den in *TIME* geäußerten Überzeugungen zuwiderliefen. Kritik umfasste sowohl politische, militärische als auch personelle Maßnahmen der Regierung. Trumans Entscheidung, MacArthur zu entlassen, gestaltete sich scharf und wies ebenso beleidigende Formulierungen auf wie etwa die Berichterstattung über Stalin oder Mao. Auch an der Politik des Außenministers Dean Acheson wurde oft scharfe Kritik geübt. Die Art, in der das Nachrichtenmagazin Regierungsverantwortlichen zuweilen Mangel an Kompetenz vorwarf, erscheint anmaßend, suggeriert sie doch gleichzeitig eine Überlegenheit von *TIME* gegenüber Politik und Militär. Die Darstellung von militärischen Entscheidungen und die Kritik, die das Nachrichtenmagazin an diesen übte, waren von einer gewissen Brisanz. So lässt sich bei der Betrachtung der Artikel, die sich mit dem Überschreiten des 38. Breitengrades durch UN-Truppen oder dem Eingreifen der Volksrepublik China in den Krieg befassen, eine gewisse Doppelmoral erkennen. Diese veranlasste *TIME*, das Überschreiten des 38. Breitengrades durch nordkoreanische Truppen als feigen Überfall zu bezeichnen, während das Überschreiten der Grenzlinie durch UN-Truppen nicht etwa als Eingriff in ein fremdes Interessengebiet, sondern als essenzielle Maßnahme im Kampf gegen den „Puppenspieler" in Moskau dargestellt wurde. Auch der Eingriff Chinas wurde nicht als Selbstverteidigung der Volksrepublik wahrgenommen, sondern als feindlicher Akt.

Zur Untermauerung verschiedener Darstellungen gab *TIME* bisweilen vor, mit der Stimme eines in seiner Meinung und seinen Überzeugungen geeinten US-amerikanischen Volkes zu sprechen. In den meisten dieser Fälle waren derartige Behauptungen jedoch schlicht falsch, wie diverse Umfragewerte während des Krieges offenbaren.

Die Zerschlagung des Weltkommunismus wurde von *TIME* zur nationalen Pflicht erhoben. Der mitunter propagandistisch anmutenden Darstellung der US-amerikanischen Vormachtstellung auf der Welt wurde die Darstellung kommunistischer Bestrebungen entgegengesetzt. Die Art dieser Darstellung nährte sich aus der Überzeugung einer Unvereinbarkeit der zwei Systeme. Dadurch trug *TIME* zweifelsohne dazu bei, dass sich bereits vorhandene Ängste und antikommunistische Haltungen weiter verstärkten.

Das zu dieser Zeit vorhandene Potenzial zu einer Beeinflussung der Leser des Nachrichtenmagazin kann nicht von der Hand gewiesen werden. Die Verbindung der antikommunistischen Ansichten des Herausgebers Henry Luce mit dem Konzept, neben Nachrichten auch Interpretationen anzubieten, war imstande, eine enorme Suggestivkraft zu entwickeln. Betrachtet man aus der zeitlichen Entfernung die in den 1950er Jahren herrschende Grundstimmung, die von der *Red Scare* geprägt war, die politischen Überzeugungen des Herausgebers Henry Luce sowie die hierarchische Konzeption der redaktionellen Vorgänge bei *TIME*, so kann durchaus behauptet werden, dass zumindest versucht wurde, das Nachrichtenmagazin als Druckmittel zu benutzen, um gewisse politische Entscheidungen herbeizuführen. Es kann nur vermutet werden, ob und in welchem Maß die Berichterstattung in *TIME* tatsächlich Auswirkungen auf politische Entscheidungen oder Haltungen und Denkweisen Einzelner hatte.

Literaturverzeichnis

Artikel aus dem Nachrichtenmagazin *TIME*

„A Letter From The Publisher, Oct. 23, 1950." TIME 23.10.1950. Online: 14.2.2011. http://www.time.com/time/magazine/article/0,9171,813567,00.html.

„A Matter of Understanding." TIME 14.8.1950. Online: 14.2.2011. http://www.time.com/time/magazine/article/0,9171,858901,00.html

„ARMED FORCES: The Sunday Punch." TIME 24.11.1952. Online: 14.2.2011. http://www.time.com/time/magazine/article/0,9171,817349,00.html.

„ARMED FORCES: Where Do We Go From Here?" TIME 24.7.1950. Online: 14.2.2011. http://www.time.com/time/magazine/article/0,9171,812798,00.html.

„Atomic ABCs." TIME 21.8.1950. Online: 14.2.2011. http://www.time.com/time/magazine/article/0,9171,812983,00.html.

„Background For War: How Strong Is Russia?" TIME 27.11.1950. Online: 14.2.2011. http://www.time.com/time/magazine/article/0,9171,813854,00.html.

„BATTLE OF KOREA: A Question of Tomatoes." TIME 21.8.1950. Online: 14.2.2011. http://www.time.com/time/magazine/article/0,9171,812985,00.html.

„BATTLE OF KOREA: Across the Parallel." TIME 16.10.1950. Online: 14.2.2011. http://www.time.com/time/magazine/article/0,9171,813499,00.html.

„Battle of Korea: Damn Good Job." TIME 30.10.1950. Online: 14.2.2011. http://www.time.com/time/magazine/article/0,9171,805550,00.html.

„BATTLE OF KOREA: Rout." TIME 9.10.1950. Online: 14.2.2011. http://www.time.com/time/magazine/article/0,9171,935484,00.html.

„BATTLE OF KOREA: Scorched-Earth Retreat." TIME 15.1.1951. Online: 14.2.2011. http://www.time.com/time/magazine/article/0,9171,814222,00.html.

„Cast of Characters." TIME 17.7.1950. Online: 14.2.2011. http://www.time.com/time/magazine/article/0,9171,934968,00.html.

„CHINA: No. 2 Queen." TIME 12.5.1952. Online: 14.2.2011. http://www.time.com/time/magazine/article/0,9171,806351,00.html.

„COMMUNISTS: Isn't It Clear?" TIME 24.7.1950. Online: 14.2.2011.
http://www.time.com/time/magazine/article/0,9171,812796,00.html

„Death In The Kremlin: Killer of the Masses." TIME 16.3.1953. Online: 14.2.2011.
http://www.time.com/time/magazine/article/0,9171,935828,00.html.

„Everybody Bowed." TIME 9.10.1950. Online: 14.2.2011.
http://www.time.com/time/magazine/article/0,9171,935487,00.html.

„How to Lose the War." TIME 24.7.1950. Online: 14.2.2011.
http://www.time.com/time/magazine/article/0,9171,812820,00.html.

„In the Cause of Peace." TIME 10. 07.1950. Online: 14.2.2011.
http://www.time.com/time/magazine/article/0,9171,805446,00.html.

„Massacre at Hill 303." TIME 28.8.1950. Online: 14.2.2011.
http://www.time.com/time/magazine/article/0,9171,813074,00.html.

„MEN AT WAR: Hedge Goes Home." TIME 2.10.1950. Online: 14.2.2011.
http://www.time.com/time/magazine/article/0,9171,813414,00.html.

„MEN AT WAR: The Ugly War." TIME 21.8.1950. Online: 14.2.2011.
http://www.time.com/time/magazine/article/0,9171,812987,00.html

„National Affairs: Agreeing to Disagree." TIME 18.12.1950. Online: 14.2.2011.
http://www.time.com/time/magazine/article/0,9171,858962,00.html.

„National Affairs: MACARTHUR V. TRUMAN." TIME 23.4.1951. Online: 14.2.2011.
http://www.time.com/time/magazine/article/0,9171,821524,00.html.

„National Affairs: Our First Consideration." TIME 15.1.1951. Online: 14.2.2011.
http://www.time.com/time/magazine/article/0,9171,814206,00.html.

„National Affairs: World Without Friends." TIME 25.12.1950. Online: 14.2.2011.
http://www.time.com/time/magazine/article/0,9171,859058,00.html.

„NATIONAL DEFENSE: For Small Fires." TIME 10.7.1950. Online: 14.2.2011.
http://www.time.com/time/magazine/article/0,9171,805454,00.html

„Over the Mountains: Mountains." TIME 10.07.1950. Online: 14.2.2011.
http://www.time.com/time/magazine/article/0,9171,805451,00.html.

„POLICIES & PRINCIPALS: Show of Purpose." TIME 27.3.1950. Online: 14.2.2011.
http://www.time.com/time/magazine/article/0,9171,805284,00.html.

„STRATEGY: Police Action or War?" TIME 8.1.1951. Online: 14.2.2011.
http://www.time.com/time/magazine/article/0,9171,805643,00.html.

„THE ADMINISTRATION: Homosexuals in State." TIME 23.3.1953. Online: 14.2.2011.
http://www.time.com/time/magazine/article/0,9171,806590,00.html.

„THE ENEMY: Beggars' Island." TIME 28.1.1952. Online: 14.2.2011.
http://www.time.com/time/magazine/article/0,9171,806262,00.html.

„The MacArthur Hearing: World War III." TIME 21.5.1951. Online: 14.2.2011.
http://www.time.com/time/magazine/article/0,9171,859153,00.html.

„THE NATION: A Face to the World." TIME 27.11.1950. Online: 14.2.2011.
http://www.time.com/time/magazine/article/0,9171,813842,00.html.

„THE NATION: Challenge accepted." TIME 3.7.1950. Online: 14.2.2011.
http://www.time.com/time/magazine/article/0,9171,812714,00.html

„THE NATION: Defeat." TIME 11.12.1950. Online: 14.2.2011.
http://www.time.com/time/magazine/article/0,9171,814029,00.html.

„THE NATION: I Cannot Exult." TIME 3.8.1953. Online: 14.2.2011.
http://www.time.com/time/magazine/article/0,9171,822878,00.html.

„THE NATION: I'll Tell You Why." TIME 21.8.1950. Online: 14.2.2011.
http://www.time.com/time/magazine/article/0,9171,812970,00.html.

„THE NATION: In Time of Trouble." TIME 28.5.1951. Online: 14.2.2011.
http://www.time.com/time/magazine/article/0,9171,890035,00.html.

„THE NATION: MacArthur to Red China." TIME 2.4.1951. Online: 14.2.2011.
http://www.time.com/time/magazine/article/0,9171,814474,00.html.

„THE NATION: Out of the Grave." TIME 1.1.1951. Online: 14.2.2011.
http://www.time.com/time/magazine/article/0,9171,814122,00.html.

„THE NATIONS: Comrades or Competitors?" TIME 8.01.1951. Online: 14.2.2011.
http://www.time.com/time/magazine/article/0,9171,805652,00.html.

„THE NATIONS: Forward or Back?" TIME 12.2.1051. Online: 14.2.2011.
http://www.time.com/time/magazine/article/0,9171,820656,00.html.

„THE NATIONS: More Words." TIME 26.02.1951. Online: 14.2.2011.
http://www.time.com/time/magazine/article/0,9171,814401,00.html.

„THE PRESIDENCY: The Fabric of Peace." TIME 31.7.1950. Online: 14.2.2011.
http://www.time.com/time/magazine/article/0,9171,821234,00.html.

„THE PRESIDENCY: The Little Man Who Dared." TIME 23.4.1951. Online: 14.2.2011.
http://www.time.com/time/magazine/article/0,9171,821511,00.html.

„The Press: Second Front." TIME 29.1.1951. Online: 14.2.2011.
http://www.time.com/time/magazine/article/0,9171,821478,00.html

„This Was the War." TIME 9.10.1950. Online: 14.2.2011.
http://www.time.com/time/magazine/article/0,9171,935481,00.html.

„UNITED NATIONS: Seven Months After." TIME 29.1.1951. Online: 14.2.2011.
http://www.time.com/time/magazine/article/0,9171,821434,00.html.

„War: At the Bowling Alley." TIME 4.9.1950. Online: 14.2.2011.
http://www.time.com/time/magazine/article/0,9171,856661,00.html.

„WAR CRIMES: Humanitarian Principles." TIME 17.7.1950. Online: 14.2.2011.
http://www.time.com/time/magazine/article/0,9171,934972,00.html.

„War: Help Seemed Far Away." TIME 10.7.1950. Online: 14.2.2011.
http://www.time.com/time/magazine/article/0,9171,805450,00.html.

„WAR IN ASIA: Not Too Late?" TIME 3.7.1950. Online: 14.2.2011.
http://www.time.com/time/magazine/article/0,9171,812728,00.html

„War: In the Second Tent." TIME 7.1.1952. Online: 14.2.2011.
http://www.time.com/time/magazine/article/0,9171,815772,00.html.

„War: INSIDE RED CHINA." TIME 9. 04.1951. Online: 14.2.2011.
http://www.time.com/time/magazine/article/0,9171,814597,00.html.

„War: Late Entry." TIME 6.11.1950. Online: 14.2.2011.
http://www.time.com/time/magazine/article/0,9171,813683,00.html.

„War: Leadership in Action." TIME 10.7.1950.
http://www.time.com/time/magazine/article/0,9171,805453,00.html

„War: Reconstruction." TIME 30.10.1950. Online: 14.2.2011.
http://www.time.com/time/magazine/article/0,9171,805553,00.html.

„War: Substantial Citizens." TIME 30.10.1950. Online: 14.2.2011.
http://www.time.com/time/magazine/article/0,9171,805551,00.html.

„War: The Cat in the Kremlin." TIME 17.07.1950. Online: 14.2.2011.
http://www.time.com/time/magazine/article/0,9171,934970,00.html.

„War: THE BATTLE OF NO NAME RIDGE." TIME 28.8.1950. Online:
14.2.2011. http://www.time.com/time/magazine/article/0,9171,813072,00.html.

„What Next in Asia?" TIME 21.8.1950. Online: 14.2.2011.
http://www.time.com/time/magazine/article/0,9171,812989,00.html.

„Winter War." TIME 13.11.1950. Online: 14.2.2011.
http://www.time.com/time/magazine/article/0,9171,821350,00.html.

Sekundärliteratur

Alwood, Edward. *Dark Days in the Newsroom*. Philadelphia, PA: Temple University Press, 2007.

Appleman, Roy Edgar. *Disaster in Korea*. 1st ed. College Station: Texas A & M University Press, 1989.

Batesel, Paul. *Major League Baseball Players of 1884*. Jefferson, N.C.: McFarland, 2011.

Becker, Ute. *Die Chronik*. Gütersloh, München: Wissen-Media-Verl., 2006.

Benson, Sonia G. *Korean War*. Detroit, Mich.: UXL, 2002.

Bierling, Stephan G. *Geschichte der amerikanischen Außenpolitik*. 3. Aufl. München: Beck, 2007.

Bloom, Harold. *Arthur Miller*. New York, NY: Chelsea House, 2007.

Brinkley, Alan. *The publisher : Henry Luce and his American century*. New York, NY: Random House, Inc., 2010.

Brune, Lester H. *The Korean war*. Westport, Conn.: Greenwood Press, 1996.

Casey, Steven. *Selling the Korean War*. Oxford: Oxford Univ. Press, 2008.

Cashman, Sean Dennis. *America ascendant*. New York, NY: New York University Press, 1998.

Chartrand, René; Courcelle, Patrice. *Gibraltar 1779 - 1783*. Oxford: Osprey, 2006.

Cho, Grace M. *Haunting the Korean diaspora*. Minneapolis, Minn.: Univers. of Minnesota Press, 2008.

Coletta, Paolo Enrico. *The United States Navy and defense unification, 1947 - 1953*. Newark, Del.: Univ. of Delaware Press [u. a.], 1981.

Cotton, James; Neary, Ian. *The Korean War in history*. Manchester: Manchester Univ. Pr., 1989.

David A. Fryxell. *Write faster, write better*. Cincinnati, Ohio: Writer's Digest Books, 2004.

Dutton, John. *The Forgotten Punch in the Army's Fist*. 2. ed. Castillon, Spain: kenandglen.com, 2007.

Eberstadt, Nick; Ellings, Richard J. *Korea's future and the great powers*. 2. Aufl. Seattle: Univ. of Washington Press, 2003.

Edwards, Paul M. *The Korean War*. Westport Conn.: Greenwood Press, 2006.

Ehlert, Hans; Rogg, Matthias. *Militär, Staat und Gesellschaft in der DDR*. Berlin: Links, 2004.

Elliott, Michael A. *Custerology*. Chicago: Univ. of Chicago Press, 2007.

Engelhardt, Tom. *The end of victory culture*. Rev. and expanded paperback ed. Amherst, Mass.: Univ. of Massachusetts Press, 2007.

Fousek, John. *To Lead the Free World: American Nationalism & the Cultural Roots of the Cold War*. Chapel Hill: University of North Carolina Press, 2000

Fryxell, David A. *Write Faster, Write Better*. Cincinnati, Ohio: Writer's Digest Books, 2004.

Gallup, George Horace. *The Gallup Poll*. Wilmington, Del.: Scholarly Resources, 1998.

Golway, Terry. *Ronald Reagan's America*. Naperville, Ill: Sourcebooks MediaFusion, 2008.

Görtemaker, Manfred. *Geschichte der Bundesrepublik Deutschland*. München: C. H. Beck, 1999.

Gruchmann, Lothar. *Justiz im 3. Reich 1933-1940*. 3. Aufl. München: Oldenbourg, 2001.

Hannings, Bud. *The Korean war*. Jefferson, N.C.: McFarland, 2007.

Hayward, Susan. *Cinema studies*. 3. ed., reprinted. London: Routledge, 2006.

Hechler, Ken. *Working with Truman*. Columbia: University of Missouri Press, 1996.

Helmut Volger. *Geschichte der Vereinten Nationen*. 2. München: Oldenbourg Wissenschaftsverlag, 2008.

Herzstein, Robert Edwin. *Henry R. Luce, Time, and the American crusade in Asia*. Cambridge: Cambridge University Press, 2005.

Hess, Gary R. *Presidential decisions for war*. Baltimore: Johns Hopkins Univ. Press, 2001.

Hiebert, Ray Eldon; Gibbons, Sheila Jean. *Exploring mass media for a changing world*. Mahwah, NJ: Lawrende Erlbaum Assoc Inc, 2000.

Hildermeier, Manfred. *Geschichte der Sowjetunion 1917 - 1991*. München: Beck, 1998.

Hoover, Herbert. *Addresses upon the American Road*. Stanford, Calif.: Stanford University Press, 1955.

Hosch, William. *The Korean War and the Vietnam War: People, Politics, and Power*. Britannica Educational Publishing/Rosen Educational Services, LLC, 2010

Isserman, Maurice. *Korean war*. Updated ed. New York: Facts On File Inc, 2003.

James Landers. *The weekly war: newsmagazines and Vietnam*. Columbia, Missouri: University of Missouri Press, 2004.

Johnson, Robert David. *Congress and the Cold War*. New York, NY: Cambridge Univ. Press, 2006.

Jones, Howard. *Crucible of power*. 2. ed… Lanham Md. [u. a.]: Rowman & Littlefield, 2008.

Jones, Wilmer. *Generals in Blue and Gray*. Mechanicsburg, PA: Stackpole Books, 2006.

Kagan, Norman. *The cinema of Stanley Kubrick*. 3. ed. New York, NY: Continuum Publ., 2000.

Kaplan, Lewis E. *God bless you Joe Stalin*. New York, NY: Algora Publishing, 2006.

Kaufman, Burton I. *The Korean conflict.* Westport, Conn.: Greenwood Press, 1999.

Kim, Chun-gil. *The history of Korea.* Westport, CT: Greenwood Pub Group Inc, 2005.

Kleßmann, Christoph; Stöver, Bernd. *Der Koreakrieg.* Köln: Böhlau Verlag, 2008.

Kozloff, Sarah. *Overhearing film dialogue.* Berkeley: Univ. of California Press, 2000.

Krieger, Wolfgang. *Geschichte der Geheimdienste.* 2. Aufl. München: Beck, 2010.

Lankov, Andrei. *From Stalin to Kim Il Sung.* London: C. Hurst & Co., 2002.

Lee, Bong. *The Unfinished War: Korea.* New York, NY: Algora Publishing, 2003.

Lee, Jongsoo. *The partition of Korea after World War II.* New York, NY: Palgrave Macmillan, 2006.

Lee, Steven Hugh. *The Korean War.* Harlow: Longman, 2007.

Lentz, Richard. *Symbols, the news magazines, and Martin Luther King.* Baton Rouge: Louisiana State University Press, 1990.

Levering, Ralph B. *The Public and American Foreign Policy 1918-1978.* New York: William Morrow and Company, 1978

Macklin, Graham. *Very deeply dyed in black.* London: Tauris, 2007.

Magnus, Uwe. *TIME und NEWSWEEK: Darstellung und Analyse.* Hannover: Verlag für Literatur und Zeitgeschehen, 1967.

Manchester, William. *American Caesar.* New York, NY: Black Bay Books / Little, Brown and Company / Hachette Book Group, 1978.

Margulies, Philip; Peterson, Mark. *A brief history of Korea.* New York, NY: Infobase Publishing, 2009.

Marquardt-Bigman, Petra. *Amerikanische Geheimdienstanalysen über Deutschland 1942-1949.* München: Oldenbourg, 1995.

Martel, Gordon. *A companion to international history 1900 - 2001.* Malden, Mass.: Blackwell, 2007.

Mason, John W. *The Cold War, 1945-1991*. London, New York: Routledge, 1996.

McFarland, Keith D.; Roll, David L. Louis *Johnson and the arming of America*. Bloomington Ind. [u. a.]: Indiana Univ. Press, 2005.

Merrill, Dennis. *Bread and the ballot*. Chapel Hill: Univ. of North Carolina Press, 1990.

Mitchell, Franklin D. *Harry S. Truman and the news media*. Columbia, Miss.: Univ. of Missouri Press, 1998.

Ott, Brian L. *The small screen*. Malden, Mass.: Blackwell, 2007.

Pearlman, Michael D. *Truman & MacArthur*. Bloomington, Ind.: Indiana Univ. Press, 2008.

Pierpaoli, Paul G. *Truman and Korea: The Political Culture of the Early Cold War*. Columbia, Missouri: University of Missouri Press, 1999.

Qing, Simei. *From allies to enemies*. Cambridge, Mass. u. a: Harvard Univ. Press, 2007.

Rapoport, Louis. *Stalin's war against the Jews*. New York: Free Pr. [u. a.], 1990.

Rice, Earle, JR. *KOREA 1950: PUSAN TO CHOSIN*. New York, NY: Infobase Publishing, 2003.

Rosinger, Lawrence K. *The State of Asia*. Freeport, N.Y.: Books for Libraries Press, 1971.

Sandler, Stanley. *The Korean War*. Lexington: University Press of Kentucky, 1999.

Schwartz, Richard A. *The 1950s*. New York, NY: Facts On File, Inc., 2003.

Selden, Mark; So, Alvin Y. *War and state terrorism*. Lanham, Md.: Rowman & Littlefield Publ., 2004.

Siracusa, Joseph M. *The Kennedy years*. New York, NY: Facts On File, 2004.

Steel, Ronald; Lippmann, Walter. *Walter Lippmann and the American century*. New Brunswick: Transaction Publ., 1999.

Steininger, Rolf. *Der vergessene Krieg*. München: Olzog, 2006.

Stueck, William Whitney. *The Korean War*. Princeton, NJ: Princeton University Press, 1995.

Vanden Berghe, Yvan. *Der Kalte Krieg: 1917 - 1991.* Leipzig: Leipziger UV, 2002.

Vaughn, Stephen L. *Encyclopedia of American journalism.* New York, NY: Routledge, 2008.

Wala, Michael. *Winning the peace.* Stuttgart: F. Steiner, 1990.

Wolf, Claudia Maria. *Bildsprache und Medienbilder.* 1. Aufl. Wiesbaden: VS Verl. für Sozialwiss., 2006.

Wunderlin, Clarence E. *The papers of Robert A. Taft.* Kent, Ohio: Kent State Univ. Press, 2006.

Yeung, Y. M. *Developing China's West.* Hong Kong: Chinese Univ. Press, 2004.

Yi, Hyæong-gu. *The Korean economy.* Albany: State University of New York Press, 1996.

Nachschlagewerke

Becker, Ute. *Die Chronik: Geschichte des 20. Jahrhunderts bis heute.* Gütersloh/München: Chronik Verlag im Wissen Media Verlag, 2006.

Bernabeo, Paul. World and its Peoples: Eastern and Southern Asia. Kapitel: Korea. Autor: Martin, James. Band 7 von 11. New York, NY: Marshall Cavendish, 2008.

Eaman, Ross Allan. *Historical dictionary of journalism.* Lanham, Md.: Scarecrow Press, 2009.

Edwards, Paul M. *Korean War almanac.* New York, NY: Facts On File, 2006.

Edwards, Paul M. *Historical dictionary of the Korean War.* 2. ed. Lanham, Md.: Scarecrow Press, 2010.

Grambs, David. *Literary Companion Dictionary.* London: Routledge & Kegan Paul, 1985.

Hanes, Sharon M.; Hanes, Richard C. *Cold War Almanac.* Farmington Hills, MI: The Gale Group, 2004.

Hastedt, Glenn P. *Encyclopedia of American foreign policy.* New York, NY: Facts On File, 2004.

Moore, John Allphin; Pubantz, Jerry. *Encyclopedia of the United Nations.* 2. ed. New York, NY: Facts On File Inc, 2008.

Raymond, Walter John. Dictionary of politics. 7. ed. Lawrenceville, Va.: Brunswick, 1992.

Singer, Samuel. *Thesaurus proverbiorum medii aevi Bd. 6. Lexikon der Sprichwörter des romanisch-germanischen Mittelalters.* Berlin; New York: de Gruyter, 1998.

Stempel, Guido Hermann und Gifford Jacqueline Nash. *Historical dictionary of political communication in the United States.* Westport, Conn.: Greenwood Press, 1999.

Sterling, Christopher H. *Encyclopedia of journalism.* Thousand Oaks, Calif.: SAGE, 2009.

Toropov, Brandon. *Encyclopedia of cold war politics.* New York: Facts On File, 2000.

Vaughn, Stephen L. *Encyclopedia of American journalism.* New York, NY: Routledge, 2008.

Internetquellen

„Cairo Communiqué." Online: 14.2.2011.
http://www.ndl.go.jp/constitution/e/shiryo/01/002_46/002_46tx.html

„China Population Statistics and Related Information. " Online: 14.2.2011.
http://www.chinatoday.com/data/china.population.htm

Kennan, George. The „The Sources of Soviet Conduct." 1947. Online: 14.2.2011
http://www.historyguide.org/europe/kennan.html

Marcus, Edwin. „The Cat's Paw and the 'Chestnuts'." in New York Times 2.7.1950 nach Forslund, Catherine. „ . . . Worth a Thousand Words: Editorial Images of the Korean War." in „The Journal of Conflict Studies" Vpl. XXII No.1 Spring 2002 Online: 14.2.2011.
http://www.lib.unb.ca/Texts/JCS/bin/get.cgi?directory=spring02/&filename=forslund.htm

„Radio and Television Address on the Situation in Korea." 19.7.1950. Online: 14.2.2011.
http://teachingamericanhistory.org/library/index.asp?document=582

„Roots of May Day celebration in America." Online: 14.2.2011.
http://www.theholidayspot.com/mayday/history.htm#roots

Shin, Annys; Ahrens, Frank. „Time Inc. to Eliminate Nearly 300 Magazine Jobs" in The Washington Post. Online: 14.2.2011.
http://www.washingtonpost.com/wpdyn/content/article/2007/01/18/AR2007011801706.html

Szewczuk, Mirko. „Komm, lass Dich auch neutralisieren." Bonn 1999.
http://www.hdg.de/karikatur/view_content/j1952-west.html

„The Gallup Brain: Americans and the Korean War." 4.2.2003. Online: 14.2.2011.
http://www.gallup.com/poll/7741/gallup-brain-americans-korean-war.aspx

„Tightening Newspaper Market." Online: 14.2.2011. „The 19502: Media: Overview." American Decades. 2001. Encyclopedia.com
http://www.encyclopedia.com/doc/1G2-3468301981.html

„Trappisten." Online: 14.2.2011.
http://www.goruma.de/Wissen/Gesellschaft/Religionen/KatholischeOrden/Trappisten.html

„Truman Doctrine." Online: 14.2.2011. „Encyclopedia of the New American Nation"
http://www.americanforeignrelations.com/A-D/Doctrines-The-truman-doctrine.html

Whitman, Alden. Henry R. Luce, Creator of Time-Life Magazine Empire, Dies in Phoenix at 68. New York Times 1.3.1967. Online: 14.2.2011.
http://www.nytimes.com/learning/general/onthisday/bday/0403.html

Elektronische Medien

„Cold War." Encyclopædia Britannica. Encyclopædia Britannica Ultimate Reference Suite. Chicago: Encyclopædia Britannica, 2010.

„Isolationismus." *Microsoft® Encarta® 2009* [DVD]. Microsoft Corporation, 2008.

„Taiwan." *Microsoft® Encarta® 2009* [DVD]. Microsoft Corporation, 2008.